讲义 英国近代史

[日] 川北稔 ——— 著

何睦 ——— 译

上海译文出版社

目　　录

术——近世之学 / 伦敦是个什么地方 / "政治算术"的建立 /
格雷戈里·金的英国——贫民社会 / "英国的人口正在减
少"——人口论争 / 时间序列统计的出现 / 政治算术带来的
影响

前　言

历史学已经结束了吗

不需要世界史了吗?

最近，我从教科书出版社的人那里听说，中心考试 [①] 中选考世界史的应试人数正在减少，已被地理超过。在当前的中等教育体系中，世界史在初中完全不开课，而到了高中却成了必修科目。实际上，如果不让学生履修世界史有时会造成很大的问题。这种"避考"现象虽然只是以一时的骚动而告终，但却在社会上形成了选世界史对报考大学不利的印象。即使没到"避考"的程度，有些人也觉得对世界史只要进行最低限度的学习就可以了，毕竟在考生中，这是最不受欢迎的科目之一。

在大学里专攻东洋史和西洋史的老师们看起来似乎不怎么在意这件事，但我认为事态是相当严重的。如果只是因为对考试不利而导致考生减少的话，也不是什么大问题。但是，如果学习外国史的年轻人出现实质性的减少，不学习世界史长大以后也没关系的想法正在扩散的话，问题的根源就很深了。

不过，最近也听到高中教科书的市贩版很畅销的说法。我想这是因为"历女潮" [②]，或者是面向工薪族的战国武将剧和大河剧的人气，再加上一部分电视问答节目热叠加引发的现象。这股小"热潮"本身似乎是一件令人高兴的事情，但考虑到这本教科书是与被称为"用语集"的用于死记硬背的辅助读物一起普及的，我很难想象它能有带来历史学复兴的积极一面。倒不如说，这是一件证明日本人历史思维退化的事件。

与此相较，上世纪末为制作一个名为《学问的铁人》的特辑，有位编辑特地登门来访，一开口就对我说："历史学什么的，是已经到头了的学科吧。"我对这件事至今仍有深刻印象。

遭遇危机的历史学

从那以后，历史学界的同行们为了扭转这种局面进行过各种各样的尝试，我自己也进行了相应的探索。但我认为，近年来历史学"闭门不出"的倾向日趋强烈，对社会的号召力越来越弱。在这一背景下，历史学的专业学者们并没有提出符合社会需要的问题，他们探讨的话题始终仅在学术圈内通行。特别是西洋史方面，我觉得大家都把重点放在了西方人关注的课题上，很少考虑自己的研究对日本普通人来说有什么意义。

我在大阪大学的最后一年，由现在的校长鹫田清一牵头，COE

---

① 全称为"大学入学中心考试"，在日本相当于中国高考。报考不同大学不同学科时，对选考科目有不同要求。——译者（本书注释如无特殊标识均为译注）
② 21世纪初，日本社会出现的青年女性爱好历史的热潮，商家随即在消费领域推出了大量针对女性群体的文娱产品，助推了这一潮流的形成和扩大。

（Center of Excellence，卓越研究中心）发起了一个名为"跨界（interface）人文学"的项目。我虽然只参与了一年，但当时与许多历史学相关的学者一起，决心把跨界问题作为一个课题来思考，即如何将大学的历史研究传播到社会公众中，如何将专业和业余之间衔接起来。

为此，我们做了很多尝试，听说后来的评价也很好。要想使历史学成为一门社会必需的学问，我们就必须做到将社会的现状融入课题本身中。因为法国流行这样的历史学，所以日本也就引进过来——如果西洋史都以这样的方式进行研究的话，对于普通日本人来说，肯定就会变成无关紧要的话题了。

刚才已经提到，要问历史学为什么会遭遇危机，我想很大的原因在于无法提出引发社会关注的问题。例如，就日本最近的动向而言，小泉纯一郎和竹中平藏的改革步子过大已经成为一个问题。这从历史上讲也是一次很大的变革，但我没有听说日本有哪位历史学家对这个问题发表过言论。历史学的研究与现实的动向完全无关，便会给人一种背离现实的印象。

我之所以这么说，是因为作为小泉改革范本的英国撒切尔改革展开之时，好坏姑且不论，英国国内毕竟是围绕经济衰退这个话题进行过一场长期而激烈的讨论。而且，历史学是这场我称之为"英国衰退论争"的主角。但是，在有关日本改革的讨论中，几乎没有人找过历史学家听取意见。这是一件令人遗憾的事，说明历史学在我国的定位与英国大相径庭。

日本的“失去的二十年”与英国衰退论

然而，西洋史这门学科并非以前就是这样。对日本人来说，英国是近代化和资本主义发展的模板。日本所谓“战后史学”的研究正是站在这一立场上来描述英国近世 [①] 的。因此，英国的近世、近代史便成为了日本大多数知识分子所共同关心的话题。

不过，这种“问题意识”本身持续了过长时间，也造成了之后西洋史研究的悲剧。20世纪70年代初，我第一次前往英国展开长期研究生活。当时在日本，“战后史学” [②] 的理论正大行其道，将近代英国描绘成因信仰清教徒主义而具有独立不羁的精神，以禁欲、勤奋、理性主义为生活信条的中产阶级约曼自耕农（yeoman）所建立的冠绝世界的工业国，这为其披上了一层玫瑰色的浪漫色彩。

但实际上，我在英国当地看到的却是罢工频发、失业者成群结队的英国。伦敦街头到处是废纸，就像我小时候看到的战争刚结束时的大阪。缠着头巾的地铁乘务员和教科书上看到的白人“约曼”毫无共通之处，公交车上的乘务员也大多是黑人。引起我注意的都是这些在所谓“战后史学”的英国史里从未出现过的人群。

我在伦敦第一次见到伦敦大学历史研究所的所长时，他指着旁边

---

① 日本史学界将日本和中国“中世”到“近代”之间的过渡时期划分为“近世”，但通常不用于“西洋史”研究。本书在英国史中引用“近世”和“近代”之分是作者的核心研究视角，可参阅第三章第一子目详解。
② 日本二战战败以后，以马克思主义唯物史观为指导的史学潮流，代表了战后日本史学界的主流。

的 SOAS（东洋非洲学院），耐人寻味地介绍道："那边的研究搞得很火，只是历史不太流行。"我想他的意思是说，对进入经济高速增长期的日本的研究正开展得如火如荼，与此相较，对苦于经济不振的英国历史的研究应该就没有以前那么受欢迎了吧。

还有同年，在北部造船业重镇纽卡斯尔等电车的情景也一直浮现在我的脑海中。"怎么这么长时间都不来车啊。"我和旁边的阿姨搭话，她却突然说："最近的英国什么都不行，都是因为日本搞的。"这完全是一次意想不到的突然袭击，令我非常吃惊。后来，我把这段经历作为来自伦敦的报告发表在一本用打字机打印的研究团体刊物《英国史研究》上，关于这份刊物后文还会再提到。

也就是说，在这个时期，失业和罢工的"英国病"已经笼罩着现实的英国，很多人都感到英国不但已被德国和美国超越，甚至日本也已经赶超上来了。于是，当日本的英国史研究者还在提出诸如"英国为什么能在世界上最早实现工业化"这样的问题、认为英国的经济发展是一个典范时，英国国内却是"衰退论"开始成为活跃的话题。我自己也经常被英国学者说："经济增长的模板应该是日本才对吧。"虽然日本已经进入了经济高速增长期，但日本历史学家对英国的看法并没有即刻发生转变，在很长一段时间里，日本历史学家仍然没有远离英国作为经济发展范本的印象。因此，以英国国内传播甚广的"衰退论"为前提的历史学在这里是很难被接受的。

然而，现实再次发生了转变。在日本不仅经历了"失去的十年"，而且经历了"失去的二十年"的今天，我们从英国社会经济史中，学习"英国为什么取得成功"的同时，也应该了解包括"英国衰退论"及其走向相关的内容。

历史学中确实存在一些与现实完全无关的要素，例如对古埃及和印加帝国的考古发掘等。但是在大多数情况下，历史学是必须结合现实问题开展研究的。从这一意义来说，最近的历史学研究给人的印象确实是过于脱离现实了。

直面现实的历史——本书的立场

那么，什么样的历史学才算是直面现实呢？首先是必须解决植根于普通人生活感受的问题。更进一步说，姑且不论评价好坏，小泉的改革让我深刻体会到了全球化这一现实。若以思考如何应对全球化问题为目标，如果不能很好地将人们具体的生活方式与世界各国间紧密关联的现象进行有机结合，对现在的人来说就不能构成有趣的历史。

此外，资源和环境问题也越来越严重，这与全球化有着密切的联系。世界已经成为一体，已经无法再扩大了。这就使得资源问题、环境问题变得更加严重。近代世界之所以能够迅速扩展，是因为一种经济增长，或者说开发和进步的模式得到了实现。但这一模式近年来已经出现了瓶颈，这也是显而易见的。

如果把这些问题综合起来考虑的话，归根结底，"地球是一体的"的结果就会导致资源、环境问题。我想，最根本的问题是应该搞清什么是进步，什么是经济增长。当然对于这些问题，此前许多历史学的思考也不无启发。以英国史为例，从 20 世纪 60 年代末期开始，兴起了一个在广义上被称为社会史的研究领域。

我很早就想过，如果把家族史、人口史及城市问题，特别是城市中的平民生活问题等这些深入社会史范畴的内容和世界体系论这样的理论结合起来，是不是可以写出一些有趣的历史呢？世界各地的平民生活是如何通过世界体系的作用联系在一起，创造出今天的世界状貌的，这是我构想的历史学的基本课题。

英国经济的"勃兴"与"衰退"

我刚开始研究历史的时候，社会上一直在讲"现在是工业化社会"。我也曾着力于从经济史角度思考实现工业化社会的前提条件。但是现在，比起工业化，信息和金融已成为更加重要的问题。从工业化到去工业化，有人认为世界史已经掀开了新的一页。相对于制造业，以金融和信息为首的第三产业即将成为中心产业，这可以说已经成为了一种普遍的看法。

但是，我个人认为现代社会从广义上讲，实际上仍然处于工业化时代。信息化的一面确实存在。虽然信息可以用来赚钱，但信息不能吃，也不能穿。虽然我们可以通过网络订购某件商品，但如果没有人制造这件商品，网购也就无从谈起。

从这个意义上来说，以广义的工业化时代为前提，信息问题是在工业化时代的后半段，以工业化的追加形式出现的。同理，金融问题不也是如此吗？本书以作为第二产业的制造业的发展与以信息、金融为代表的第三产业之间的关系——或者更确切地说是相克——为轴，对近世及近代的英国史进行概览，也是出于这个原因。这也是英国经济"勃兴"与"衰退"的历史。

在 21 世纪的今天，单纯作为成功故事的英国工业革命论已经不存在了。但是走到另一个极端，无视这个国家曾经是"世界工厂"的事实，一味宣扬"衰退论"也是毫无意义的。保持同时观察这两种现象的视角才是最重要的。

第一章

城市生活文化是如何形成的

——历史的视角

你知道童谣《红蜻蜓》吗

我曾经在大学的课堂上给学生讲过有关童谣的话题。我发现即使是一些我们大家以往非常熟悉的童谣，对目前的学生来说也已经出现了很多费解之处。

例如，过去曾有一首叫《红蜻蜓》的童谣，这首童谣的内容对现在的学生来说似乎变得非常难懂。"夕焼け小焼けの赤ん坊"（晚霞一样的红蜻蜓）① 这一句倒还好，但不少学生认为"負われてみたのは"（像是被背在后背上）这句的意思是被红蜻蜓追赶。② 因为"負われる"这个词在现代日语中已经演化成"負んぶ"，日常不怎么使用了。虽然被红蜻蜓追赶听上去挺吓人的，但现在社会上像以前一样把婴儿背在背上的人也不是那么多了，因此学生自然也就不太容易理解"負う"这个动词的被动语态"負われる"。

此外，这首童谣的第三段歌词里有一句是"一五でねえやは嫁につき"（阿姊十五岁要出嫁）。这里的"ねえや"（阿姊）其实是指保姆之类的用人，但恐怕将其当作"姐姐"的人绝不在少数，并就此以为词作者的姐姐是在十五岁时被嫁出去的。其实这里的十五岁指的是虚

岁，现在的人恐怕已经不太清楚什么是虚岁了。按照虚岁的计算方法，如果是除夕出生的人，第二天元旦就算两岁了，听上去令人不可思议。歌词中的"ねえや"（阿姊）说是十五岁，其实满打满算不过十三或十四岁的年龄就出嫁了。此前，曾经有部以初中生怀孕为题材的电视剧引发了巨大的社会骚动，然而在战前的日本，这个年龄结婚生子并不是什么新鲜事。

但是，如果同样的情况出现在英国，即便是在 16 世纪或 17 世纪，也可能成为严重的问题。因为当时英国人的结婚年龄普遍在二十五岁以后，无论男女都是如此，这也是英国社会的特征之一。

同时，"红蜻蜓"的世界是农村占绝对多数的世界。17 世纪的英国，大约每四个人中就有三个是居住在农村的农民。但是到了 19 世纪中叶，在维多利亚女王统治时期，每四人中已有三人居住在被称为"城市"的地区。可以说，英国近世、近代社会史中最大的课题之一就是城市化。

戴欧斯现象——近现代城市研究的开端

可以明确地讲，经过了从 18 世纪至今的完整工业化过程后，城市已经成了我们绝大多数人生活的基本环境。换言之，如果从日常生活

---

① 夕焼け小焼け，出自中村雨红作词的童谣《夕焼け小焼け》（1918 年）。"夕焼け"本身即为晚霞、夕阳，"小焼け"无实际意义，在诗歌中作为调整节律的对语使用。
② 日语中"負う"与"追う"同音。

的视角来观察工业化的演进，便可以发现从近世到现代一以贯之的是一个城市化的过程。

在我刚刚开始从事历史研究的时候，城市史领域基本上以中世纪城市研究为主。由于中世纪城市是封建社会中相对自由和自治的地方，并被认为是近代自由和自治的起源，因此，当时学术界很少对近世以后的城市开展深入研究。

但英国莱斯特大学教授 H.J. 戴欧斯（Harold James Dyos）却强烈主张，对近现代城市的研究不仅是历史学的一部分，对于其他诸多领域来说，也是非常重要的。

他在 20 世纪 60 年代成立了城市史学会，结果引发了一股被称为"戴欧斯革命"或"戴欧斯现象"的学术风潮。他的研究小组早期是用打字机打印报告和论文的，事实上我手上也有这份资料。由于日本学界对这个学会的介绍大都侧重于其中的中世纪史学者，也就使人们将其与传统的中世纪城市研究混为一谈。这多少是一种误解，城市史学会真正的目标其实是通过对近现代城市历史的综合研究，探寻当下城市问题的历史起源，并由此开辟了诸如城市贫民窟问题等崭新的研究领域。

受其启发，我也开始着眼于现代城市如何发展以及人们在城市中过着怎样的生活之类的课题。为此，我很早就在京都组织成立了一个"英国城市生活史研究会"，还出版了学术专著。在那之前，日本史学界进行的几乎全都是围绕"农村共同体"问题的研究。英国的情况也是如此，战后英国史学领域的著名学者 R.H. 托尼（Richard Henry Tawney）的研究便是以农村地主为中心展开的。相反，他在伦敦大学的学生 F.J. 费舍尔（Frederick Jack Fisher）则主攻伦敦史，并以开发论为理论特征的伦敦研究而著称。而当时作为青年学者的我也明确了自己对城市史的研究兴趣。

"城市"与"都会"——作为匿名社会的"都会"

但是，我认为要讲清楚什么是城市，其实并不容易。在同类研究起步之初，京都大学人文科学研究所就曾经对城市的内涵进行过探讨。当时曾提出了很多种说法，比如有人说城市是有电影院的地方，有人说是有柏青哥①店的地方，等等，但都没有得出一个清晰的标准。虽然，在某种程度上城市就是指人群集聚之地，但中世纪的城市因为在法律上有各种各样的定义而很难归类，既有所谓的"特许权城市"，也有并非如此，仅仅是人们聚集的地方。但是，日常我们不会去做这么复杂的区分，说的都是这里是城市，那里是乡下之类的话。那么，二者的区别在哪里呢？在深入思考之后，我想到的是"匿名性"。我想将这个词作为关键词，展开后面的讨论。

当我们伫立于京都最繁华的街区四条河原町时，虽然会与许多人擦身而过，但几乎全都是不认识的陌生人。即使来到京都站，我们也

---

① 一种带有赌博性质的弹珠游戏机，一定程度上已成为日本城市文化的特殊符号。

会觉得这里虽然人潮汹涌，但却没有一个相熟之人。如果某个地方迎面走来的几乎全都是我们认识的人，也就不能称之为都会了吧。

从文化氛围的角度来说，都会比城市更容易让人理解。从这点来看，中世纪虽然有城市，但却几乎没有都会。说得极端一点，中世纪的所谓城市，基本上全都是熟人世界。与之相对，现代城市则是一个几乎全是生脸的世界。那么，与这种现代城市相联系的具有高度匿名性的都会是从何而来的呢？

就英国历史来看，明显的变化是从 16 世纪的伦敦开始发生的。这在世界范围内恐怕也算是相当早的了。虽然我们可能还需要对德川时代江户和大阪的社会性质进行更加充分的论证，但 16 世纪的伦敦已经是显而易见的都会了。16 世纪初，伦敦的人口规模虽然只有数万，但可以说已经是一个高度匿名性的社会。而且，随着 16 世纪末人口超过十万，伦敦社会匿名性的程度得到了进一步提高。当 17 世纪末人口达到五十万左右时，伦敦已经彻底成为一个人们彼此"见面不相识"的城市。这其中固然有英国全国人口持续增长的因素，但即便如此，为什么人口全都涌入了伦敦呢？这是需要首先回答的问题。

解答这个问题的关键就在于包括 16 世纪在内的近世英国家庭结构。先从结论说起的话，这一时期由于有大量年轻人离开原本生活的地方，来到伦敦聚居，使英国人的生命周期形成了一种相对开放的结构。

伊丽莎白时代的伦敦，画面正中为伦敦桥

家庭与生命周期

要说明这一时期英国社会的家庭结构和生命周期问题，势必要从家庭史和人口史的角度展开叙述，因此我想先稍微做一些学术史方面的铺垫为好。

在我读研究生的时候，一个叫瑞格理（Edward Anthony Wrigley）的学者发表了一篇关于英国西南部一个叫科里顿的小教区的论文。我曾经在 1972 年前后去过这个科里顿村，记得当时村民们听说来了一个东方人，都争相跑来围观，这让我很吃惊。而瑞格理在英国首次使用了"家族复原法"这一全新的分析方法，细致分析了科里顿村的人口和家庭结构。

整个欧洲可能都是这样，英国人的生活基本是以教区（parish）为中心成立的。英语中有个词叫"village"（村），当然这是个人人皆知的简单词汇，但细想的话，我们脑海中却往往无法涌现出任何具体的形象。"village"这个词在英国的各种史料中似乎也并没那么频繁地出现过。口语中当然会有，但我始终没完全搞清其内涵。与之相对的是，教区是人们生活的核心，人们选举教区的工作人员，并以教区为单位进行济贫等福利活动。星期日举行弥撒的时候，人们见到的都是彼此相熟的面孔，并由此结为一个群体。普通的英国人在所属教区的教会接受洗礼，结婚时在那里领取结婚证，去世后亦埋葬于斯。

只要仔细对这些记录加以整理，就能复原出如日本户籍档案那样的资料，这就是"家族复原法"的基本思路。

通过这个方法，我们就可以了解到英国家庭和人口现象的细节。诸如孩子的数量是多少，孩子的出生间隔是多久，当然也能推算出人们的平均寿命，甚至还能明了这个教区是从什么时候开始采取避孕措施的，这是个令人震撼的结果。虽然已知英国 16 世纪的人口是有所增加的，但对这些原本不太确切的问题，我们现在有望进一步得到更明确的认识。

这样的研究方式，如果不是计算机的出现是不可能实现的。日本的速水融教授等学者就曾经采用了动员大量业余历史爱好者，共同用计算机进行数据分析的方法处理史料。从史料的实际情况来看，英国和日本都适用这种方法。

近世英国家庭的特征

就家庭的存在方式来说，"家族复原法"使西北欧，特别是英国社会的特征也比以往更加明显地展现了出来。大体来说可以总结为以下三点。

第一点，英国从很早开始就是单婚核心家庭的社会。单婚核心家庭并非形成于很晚近的年代，16 世纪是个微妙的转换时期，到 17 世纪时英国明显已经成为以单婚核心家庭为主的社会。

第二点，是晚婚社会。当时英国平民普遍都是在二十五岁以后结婚的。从世界整体来看，在工业化之前的各国中没有比英国更晚婚的社会了。在其他地区，人们一般都在十几岁乃至更早的年龄结婚。在 20 世纪 20 年代的日本，我的姑母就是在十三四岁时结的婚，所以一般人不到二十五岁以后就不结婚的近世英国完全可以说是晚婚社会。

最后的第三点也是最能体现英国社会特征的。普通英国人大概从十四岁左右开始，短则七年长则十年以上，都会到别人家去提供劳务服务。我称之为"生命周期中的仆役生涯"(lifecycle servant)。

劳务服务的形式中最广为人知的是学徒，大约为期七年左右。还有就是现在仍然存在的家庭帮佣，这种劳务形式男女都会从事。更多人会作为从事农活的雇工进入农户，可称之为"农业佣工"。

学徒在七年里不会换师傅，帮佣没有明确的规定，但进入农家做雇工的，原则上一年换一次东家。一般人们在秋天结束一个雇佣年，来到市场寻找来年的雇主。由于劳务佣工市场存在人身买卖的性质，后来遭到社会批判，加之经济效率低下等原因而逐渐消失，但在近世英国，佣工市场曾遍布全国。例如所谓拖把集市，就是擅长使用拖把工作的女孩子拿着拖把站在市场里，等待雇佣一方的形式。

在上述三点的共同作用下，父亲和母亲所生的孩子一般在十四岁时——有些家庭会提前四五年，反过来也可能会有推迟几年的情况——就会离开父母去做佣工。东家原则上要与自己出身的家庭社会地位相当，大多数情况是去地位稍高的家庭，而不会去比自己贫穷的家庭。因此，年轻人会一点一点地进入上层家庭。从事农业佣工的话每年都会换东家，但做学徒的话七年间都要在师傅的手下进行学徒修习。如果从十四岁开始学徒七年直到二十一岁，就正好迎来英国传统的成人之年。而家庭帮佣会长时间在一个雇主家工作下去，大部分人在工作满十年时已经超过二十五岁。由于从事帮佣的大前提是要在雇主家居住，所以帮佣都会保持单身，不会结婚。

这套系统强有力地规制了英国的近世社会，使普通英国人在十几岁结婚成为不可能的事，二十五岁左右才结婚的晚婚现象也就成为了社会常态。

如果换个角度进行观察，一个人在没学手艺的情况下进行了约七到十年劳务服务的话，在劳务期结束时，将获得从拥有一只羊到包含允许从事某项工商业"营业权"的"市民权"的不同方式和程度的财产和权利。而当学徒的话，更是七年左右就可以获得市民权。有了市民权也就等同于获得了营业权，可以做自己的生意了。当然，并没有规定做了鱼铺的学徒就必须经营鱼铺，实际上做任何生意都是被允许的。被社会认可独立经营某种生意，就意味着这个人已经成长到可以独当一面的地步了。

像这样，每个人都要经历大约七到十年左右的修业时间，并在此期间不能结婚，晚婚也就成为理所当然的社会现象。在非洲等地，即使到了今天，人们结婚也非常早，而英国社会显然是一种与之完全不同的形态。

晚婚的社会——英国不可能发生"十五的'阿姊'要出嫁"

很多年轻人离开父母十几年，到别人家当用人，在这段时间里，他们也被当作雇主的孩子。例如，如果用人犯了什么罪，一般情况下，其父母不会受到惩罚，而雇主却会受到社会谴责。也就是说，用人一旦进入雇主家就体现出其作为家庭成员的特征。

"政治算术"是反映当时社会状况的统计学术语（参阅本书第二

章）。大量翻阅"政治算术"类的史料便可以发现，在英国越是上流阶层，家庭规模就越庞大。在下层阶级中，家庭规模一般平均在三人到三人半之间。这并不是说平民家庭生不了很多孩子，而是虽然生了很多孩子，但他们都不断地以佣工身份进入更高阶级的家庭，并成为该家庭的拟似成员。也就是说，用人也是作为家庭成员来计算的。例如英国国王的家庭，包括所有的宫廷人员在内，多达数千人。英国在16世纪大约只有一百六十到一百七十个贵族家庭，但根据17世纪末的"政治算术"资料记载，一个贵族家庭大约会有四十口人。当然，这并不是说除了家主夫妇之外，还有三十八个孩子，而是因为有很多用人被计算为家庭成员的缘故。

由于平民家庭的规模一般都是三人到三人半，即大多数都是三口之家，因此三代同堂是很难见到的。因为一般丈夫、妻子，加上一个孩子就是三个人。如果是祖父和祖母也在一起生活的三代家庭的话，就不会是平均三人到三人半这个数字了。

另一方面，一个孩子在十四岁左右离开父母家后，就被当作上述寄居别人家的孩子对待了。他们不但没有财产继承权，而且经过十年寄居生活之后，与我们现在的家庭感觉相比，其与亲生父母的关系变得相对淡薄也是可以想见的。作为家庭史的常识，英国人在结束"仆役生涯"结婚的时候，是不会回归父母身边，也就是说不会回到与父母同住的家庭形式的。正因为没有这种风俗，所以也就不存在三代同堂的家庭。这就对应了上文提到的现象。

能够结婚组建新家庭的，都是积累了十年左右资产或者取得了某种从业权的人。这种社会形态与我们现在的高学历社会非常相似。无论是做学徒、帮佣还是农业雇工，所谓"仆役生涯"就相当于现在我们说的学生时代，换言之，就是还不能独当一面的修行时期。只是由于周期相当漫长，所以造成了晚婚的现象。在我们现在的社会中，学生并不是不能结婚，但社会上会有"你还是学生，就要结婚吗"之类针对学生结婚的抵触性舆论。日本在二战刚结束的一段时间里，学生结婚曾经相当流行，但现在已经没有那么多了，而且似乎越来越罕见。近世英国的社会氛围也是同样的。

因为有一定程度的财产和社会权利基础，新人即使不回到父母身边，也可以独立展开生活。由此可见，近世英国与同时期的日本或者其他亚洲和非洲国家相比，新婚夫妇开启婚姻生活时的经济水平是相当高的。实际上，根据"政治算术"的数据，很早以前就有研究显示当时英国的生活水平高于现在的不发达国家。在早婚的社会里，虽然年轻人十多岁就结婚，但因为无法独立生活，仍然只能和父母一起生活，而在英国社会，情况显然完全不同。

为什么《济贫法》是必需的——福利国家的渊源

可以这样想象近世英国人的人生，十四岁之前，虽然也有在相当于日本"寺子屋"①之类的地方学习读书写字的经历，但大体上还是在

① 日本江户时代寺院所设的私塾，提供类似小学程度的教育。

家里给父母帮忙。到了十四岁左右，就会到别人家里，变成半个别人家的孩子。再过十年左右，结婚自立门户。然后有了自己的孩子，孩子长到十四岁左右时又会去别人家，如此反复。

那么，原本的父母家会变成什么样呢？这些家庭要么就只剩下高龄夫妇，或者更多的情况下会缺少其中一方，只剩下独居的老人。由此，便引起了英国近代社会独有的救济问题。

17世纪初，英国出台了被称为《伊丽莎白济贫法》的法律。从这个时代开始，贫困问题变得越来越严重，政府不得不颁布救济贫困者的法律。以往这一法律出台的原因多被归咎为英国早期资本主义的发展。固然资本主义的发展与此不无联系，但并非其直接原因。应该说，这与我们前面提到的家庭结构有更大的关系。

对老年夫妇来说，由于自己的孩子不在身边，即使两个人都活着也生活不下去。因此，农民之类的家庭即使自身非常贫穷，也会从社会上雇用帮工，一般是从更低的阶层雇工来维持农业生产。但如果连这一点都做不到的话，就会出现谁来照顾老人的问题。在日本传统社会中，默认年老的父母应该由其子女照看，我认为这实际上是一个很好的做法。但在英国社会却不是这样，老年人的照看必须在社会层面上解决，也就是成为了教区的责任。所以贫困救济便成了当时一项重要的社会课题。

以往学界有关救济问题的研究主要是围绕政策和制度本身进行的。但最近，人们的关注点开始转移到救济对象的身份上。从这个角度出发，我们可以看到近世英国救济的主要对象其实正是刚才谈到的高龄者和寡妇。

因为处于传染病很容易流行并导致人口大量死亡的时代，丈夫去世、妻子去世以及父母留下孩子双双去世的例子很多。所谓残缺家庭——按照这个说法，父母齐全的"完整家庭"才是正常的，但从历史学的角度来看，这种价值判断多少有些问题——出现的可能性非常高。在当时的社会里，无论父母哪一方去世，子女都要承受巨大的痛苦。父母双亡成为孤儿的情况也很多。特别是那些丈夫早逝、只有孩子的寡妇，很多都成为了济贫的对象。我认为这是近世英国社会的一个重要特征。

由此可见，近世英国人的家庭和生命周期是以"单婚核心家庭"为主要形式的，这与最近进入晚婚社会的日本非常相似。由此派生出来的社会护理负担沉重、老人失踪、离婚和再婚派生出的母子单亲家庭及继父虐待等种种问题，也与当今的日本如出一辙。

涌向首都伦敦的年轻人

总之，近世英国已经确立了孩子在十四岁前后就会进入"生命周期中的仆役生涯"并从此离开父母的社会模式。

那么，他们离家之后都去了哪里呢？一般情况下，选择去自己周边比较熟悉的地方的人是大多数。但也有不少年轻人认为，与其窝在附近的村落，不如到伦敦去会更有意思，也许会有意想不到的"好事"

发生。在稍后的时代，也有人远赴美洲。虽然关于这一点没有留下确切记录，但近世的英国是一个青年地理流动性非常高的社会。在16世纪，每年大约有五千人移居伦敦，18世纪时这个数字可能已经达到每年八千人左右。

由此，伦敦的城市规模急剧扩大，这座城市也成为了最早的生人社会。虽然城中也划分有教区，但即使教区内的人是相互认识的，出了教区就又会变成人人互不相识的状态了。活跃于17世纪末至18世纪的著名英国作家丹尼尔·笛福（Daniel Defoe）就曾以一种略带象征性的手法对当时社会发生的转变做出了阐述。

笛福本人在二战后受到了日本历史学界的大量关注，因此在"战后史学"中笛福的著述也经常被引用。不过，有关笛福的分析存在很多争议，我认为"战后史学"中所描述的笛福形象有一种本质上的误解。在战后的历史学中，笛福的形象被认为类似于独立不羁的"约曼"，即独立经营的自耕农，还说他是清教徒，但这实际上是偏颇的解读。笛福是伦敦一家名叫"福"（Foe）的肉店家的儿子。但他不甘于成为一个中产阶级的肉铺经营者，而想要晋身上流社会，所以自己按照法国上流阶级的风俗，在名字中加了"De"的前缀。也就是说，他坚信自己是属于上流社会的人。

他生活的时代正处于英国文学史上小说即被称为"novel"的文学体裁出现之前。因此，其赫赫有名的《鲁滨孙漂流记》其实并不是小说，但包括《鲁滨孙漂流记》在内，他写过大约四个故事。

在日本的战后史学中，《鲁滨孙漂流记》中的鲁滨孙被定义为一个在无人岛依靠顽强独立的精神生存下来的人。虽然在其立足荒岛的过程中没有出现其他人，但原著中却点明其建造围墙等行为是在模仿其本国的圈地运动。而且，故事的开头交代，鲁滨孙是从英国东北部名为赫尔的港口城市出发的。他的父亲经常劝诫他说："上流阶级维持虚荣的排场是很辛苦的，下层阶级则生活很艰难，而我们位于正中的中产阶级才是最理想的阶层，你应该继承我的衣钵。"但主人公并不认同，当时他一心想跻身上流社会的绅士阶层，因此要出海远航。于是，他迈出的第一步便是出国参与奴隶贸易。

这一点在战后对《鲁滨孙漂流记》的研究中被完全遗忘，只提及他去无人岛垦殖农业的内容，其实他最初从事的是奴隶贸易。最近，我用 DVD 看了法国拍摄的《鲁滨孙漂流记》电影，感觉非常有意思。虽然法国人将其改编成了原为贩奴者的鲁滨孙最后转变为以奴隶解放为奋斗目标的废奴者的故事，但就他曾经以奴隶贸易开辟自己的事业这点来说，是符合原著的。对此，我们可以解释为笛福本人以及他故事中登场的人物都强烈地表达了中产或更下层的人想跻身上流阶层，也就是英国人所说的绅士和淑女阶层的愿望。关于这一点，在文学史领域也有类似的解释。

何谓绅士、淑女阶层

绅士是近世以降英国社会的统治阶层。顺便说明一下，这一阶层的女性应称为淑女［lady，也有 gentlewoman（贵妇人）的说法］。他们是拥有庞大的不动产并依靠租赁收益过着上流生活的人。说直白点，这些人就是大地主。英国的大地主本来都是拥有男爵至公爵爵位的贵族，就社会身份来说虽然与作为平民的绅士（gentry）[①]是不同的，但在 17 世纪末的英国，由于贵族仅有不到两百个家族，因此他们与两万个左右的绅士家族构成了共同阶层——"gentleman"（绅士）阶层。整个绅士阶层约占当时总人口的 5%。

按照当时的标准，达到绅士阶层的条件是不从事体力劳动，也不受雇于他人。绅士用自己的资产所得雇用仆役，参与政治和慈善等社会事务，是以从事与兴趣和文化相关的活动作为生活内容的"有闲阶级"，因此他们需要维持相对独特的教养和生活方式。相反，毛纺织业的经营者如果与作为劳动者的织布工人一样亲自劳动赚取报酬的话，原则上就会失去绅士的地位。这一原则不仅通行于英国，也是欧洲社会的共同习俗。

从很早开始，律师、内科医生、军官、高级官员等作为无法继承家业的次子、三子的出路，在事实上已经被社会认可为"绅士的职业"。而在帝国扩大的过程中成为豪商的贸易商也可以与绅士等而视之，在殖民地拥有种植园的人也被视为其中一员，鲁滨孙的目标即在于此。到了 19 世纪，庞大的殖民地官僚群体也同样出现在这一社会阶

---

① "gentry"在中世纪英国是一个社会阶层，社会地位仅次于贵族，涵盖了如爵士等爵位。

层中。

同时，从事股票、国债、抵押证书等证券交易活动，即动产投资的群体开始忌避被当作"借贷者"。到了 19 世纪上半叶，他们反而被视为绅士阶层的核心。而且，如何从社会层面评价这些集结在城市中的金融相关者与原来的地主绅士、从事制造业的产业资本家之间的关系，正如本书中逐渐展示的那样，一直是纵贯整个英国史的复杂但重要的问题，迄今为止依然如此。证券投资很明显是一种"不劳而获"的非劳动所得，这一点虽然与地租是一样的，但比起地租与地主社会的关系之紧密，证券投资看上去更像是无根之草。

总之，在 19 世纪英国最繁荣的时期，后来保守党出身的首相，著有政治小说《西比尔——两种国民》的本杰明·迪斯雷利（Benjamin Disraeli）将英国形容为由绅士和非绅士"两种国民构成"的国家。这一文学修辞目前已经成为分析英国近代社会的关键术语。

有关英国是一个由绅士阶层统治非绅士民众的国家的话题一直存在。不过，对这一观点进行深入探讨并非本书撰写之目的，所以这里也就点到为止吧。

"在伦敦，人们是以衣取人的"

笛福笔下还有一位名叫"摩尔·弗兰德斯"的女人，她的故事也广为人知。这个在孤儿院长大的女孩被问长大后想成为什么样的人，她回答说想成为淑女。也就是说，她想成为绅士阶层的女性。听到这种不可能实现的愿望，人们不禁议论纷纷，甚至连市长的夫人和女儿们都凑上来向她起哄，故事由此开始。

摩尔·弗兰德斯非常可爱，受人喜爱，但机缘巧合之下在利物浦加入了扒手团伙，在女贼头目手下工作。

她说利物浦太没意思了，一定要去大城市，于是她们决定去伦敦。女贼头目对摩尔·弗兰德斯说，在伦敦这样的大城市，"人们是以衣取人的"。这是非常具有代表性的一句话。因为在乡村环境中，人们彼此之间都认识，所以不存在着装问题。

那时候，英国社会上流传着一个广为人知的笑话。有一个绅士，他在伦敦居住时穿着很寒酸的衣服。当人们问他"为什么穿成那样"时，他回答说："在伦敦，没有人认识我，所以穿成什么样都可以。"后来，在那个绅士回到乡下的领地上，同一个人又见到他，但发现他仍然穿得不修边幅，便问道："在这个地方人人都认识你，为什么你还是这副模样？"绅士回答："就是因为在这里，大家都知道我是谁的缘故啊。"这也是一个非常具有象征意味的故事。

当时，利物浦虽然是所谓的"特权城市"，但从人口规模来看，仍然只是个小镇。乡村中匿名性一般都很低，不会因为偶尔打扮得怪异而被认为是下层阶级，也不会因为衣着光鲜而被认为是上流阶层。但是在伦敦则只能通过衣着、化妆、首饰等来判断一个人的身份。

进一步来说，化妆会影响与身份判定存在密切关系的外貌和风度，是非常重要的环节。都会生活文化的一个特征是非常注重外表。我们虽然可以在家只穿一件运动衫，但不能不修边幅地去购物中心。在家人之中不打扮，素颜也可以，但是去别的地方的时候就必须化妆。正因如此，"外表"开始成为一个社会性的课题。也是从这时开始，这一价值观在英国，并且首先在伦敦，以惊人的速度确立了起来。

注重外表的时代

这样一来，就出现了各种新变化。首先是服装，衣着与"流行"现象的产生有着很深的关联，并由此催生了一个名为时尚（fashion）的世界。其次是美容，与此相联系的现象则是理发师的大量增加。

先说后者。刚才我们谈到伦敦的理发店一下子变得非常多，其实理发师在中世纪是一个兼做外科医生的行当，近世以后这两个职业虽然已经稍稍出现了分化的迹象，但仍合称为"外科理发师"（barber-surgeon），并同属一个行会。牙医大体也属于这个群体，当时牙医的工作就是拔蛀牙。在工业革命时期发明了纺纱机的那位有名的理查德·阿克莱特（Richard Arkwright）便曾是一个拔蛀牙的专家。[①] 在近世英国的职业概念中，外科医生、理发匠、牙医等由于从事的都是切割人体一部分的工作，因此被视为同一职业。据说在这个时期，伦敦兼营外科医生和理发匠的人增加了很多。

---

① 理查德·阿克莱特早年曾做过理发师，作者意在强调这是兼营拔牙的"外科理发师"。

实际上，这个现象的背后存在着深层次的原因。我们稍后再继续有关化妆的话题。表面来看，从事外科医生兼理发匠的人数增加的背景是人们开始注意发型，男性开始流行戴假发（wig）。后来还发展为要戴上手套，以便尽可能保持皮肤不裸露在外。

但根本性的原因其实是因为 16 世纪梅毒开始从美洲传入英国社会，并迅速扩散。梅毒的症状一旦恶化，身体形态就会发生异变。在一个非常注重外表的社会，这是个严重的问题。

但当时，即使是顶级的医疗手段也无法应对梅毒。彼时能被认可医术高明的医生普遍是以传承自古希腊医学理论的盖伦（Galenus）医学为圭臬的。这是一种认为人类体液的不良组合会导致疾病的学说。但是，由于古希腊并没有梅毒，所以在盖伦医学体系中，连梅毒的病名都没有提到。彼时，梅毒在英国被称为"法国花柳病"（french pox），即使良医也束手无策。

在当时的行医者中，包括了"physican"——因为无法直译，所以日语中被翻译成"内科医"，以及药剂师（apothecary）——由经营药店或卖药而成为医生的人，此外还有外科医生（surgeon）。

即使到了近代，英语里也没有日语中的"医师"一词。当我问学生英语"医生"怎么说时，学生们的回答都是"doctor"，但"doctor"的原意并非指行医者，亦如我本人就是"doctor"（文学博士），但不是医生。也就是说，英国历史上没有"医师"这个概念。内科医生是"physican"，外科医生是"surgeon"，两者是完全不同的职业。

众所周知，医生之中有外科、内科、牙科之分。^① 当时的英国社会对于从事医疗工作的人有一个社会排名，其中地位最高的是内科医生，其特征是数量少，有时说话会因为引用前文提到的盖伦医学术语而夹杂希腊语词。但他们只会让患者进行易地治疗，或者把坏血放掉之类的手段。而根据当时的疗法，对付梅毒必须使用水银，但水银又是这些人不太会处理的。随着梅毒的流行，外科医生开始比内科医生更受重视，很大的原因大概在此。

放血治疗（gilley）
（G. Rudé, *Hanoverian London 1714–1808*, 1971, Secker & Warburg）

随着兼营外科医生和理发店的人越来越多，和日本的床屋^②一样，他们的店里成了城镇居民，特别是男性的情报交换中心。后来，当铺

---

① 在日本，牙科是与外科、内科并列的医学大类。
② 日本男性理发店的旧称。

和酒吧也成为了城市的情报中心，且基于同样原因，数量增加很快。这是一个很大的变化。理发店往往可以视为都会的标志。因为在乡下，虽然也有农业兼营副业的情况，但并不鲜见。

因此，和这种外科医生兼理发匠一样，从事与外表相关的美容、理发、健康工作的人便成为了大都会的特征。这可以作为都会生活文化的一种体现。后来，虽然各地城市中从事这种职业的人也越来越多，历史学家称之为"地方城市的复兴"，但在16世纪和17世纪初，这是绝无仅有的伦敦现象。

时尚的缘起

接下来让我们探讨一下首饰和服装。在城市中，如果穿着华美的衣服，打扮成上流阶层者的模样，很容易会让人以为你就是上流社会的人，所以衣服、饰品自然会受到人们的重视。

关于这方面我在以前的著作（《洒脱者们的英国史》，平凡社丛书）中进行过专门介绍，所以在这里不打算赘述，只讲一些简单的话题。到16世纪，已经有许许多多来自英国各地的人聚集于伦敦，在街上擦肩而过的全为陌生人的情况下，衣着光鲜的人就会被认为来自上流社会。这样一来，人们产生了个性化的欲望，想要尽可能地获取新的特质，以便体现出自己与他人的些许不同。由此，伦敦便成为了英国时尚的发源地。

当时，英国还只是一个欧洲的边陲之地，作为文化中心的尼德兰

（现在的荷兰、比利时地区）、意大利、法国、西班牙等欧洲大陆国家是英国的模仿对象。像同时期日本人口中的南蛮人那样的打扮，比如脖子部位有皱褶的领子，手腕上有袖饰（袖扣），男性穿像半长裤一样的鼓鼓的下装，这些完全属于欧洲大陆风格的穿着此时开始迅速流行于伦敦。在此之前，英国人都像罗宾汉一样，穿着从头上罩下来的连衣裙一样的衣服，现在却突然发生了变化。15 世纪末，随着文艺复兴，意大利式样的服装作为时尚传入英国，起初是在上流社会中流行，但很快便受到下层民众的模仿而逐渐扩散开来。伦敦的人互不相识是新奇的时尚能这样迅速扩散的重要原因。

有很多那个时代的书籍批评说，时尚是非常过分的事情。特别是在以《禁奢法》为名的一系列法律中可以明显窥见这一点。《禁奢法》是在 16 世纪上半叶出台的。在《禁奢法》中，对佩什么剑、穿什么颜

《禁奢法》时代的流行穿戴模式。注意男子的短裤、褶领和长筒袜等服饰
（I. Brooke, *English Costume in the Age of Elizabeth*, 1953, Adam & Charles Black）

色的衣服、使用什么样的布料等都有详细的规定，其宗旨是要求人们穿着与社会身份相适应的服饰。也就是说，不允许人们穿僭越自己社会身份的服装，类似的法律后来又发布了很多次。反过来也说明当时在伦敦有很多衣着与身份不符的人。为了遏止这种情况，政府出台了很多法律，规定绅士要有绅士的样子，淑女要有淑女的样子。

不过，《禁奢法》主要是对成年男性的穿着进行规制，因为在那个时代的英国，社会身份是属于成年男性的东西。孩子、女性或处于"仆役生涯"中的人在家庭中被视为只具有从属性的成员，正如"匠人的妻子""木匠的学徒"和"小屋住农的孩子"等称呼一样，他们都是从属于作为户主的成年男性的社会地位的，所以对其服装规定不是那么在意，对这些人群来说也算一件幸事。对于成年男性来说，身份就像金字塔一样，是一个人在社会中所处位置的标识。因此，这种衣着的混乱也被上层统治者认为是身份秩序发生混乱的表现，并为了制止这一现象而出台了法律。

但是，尽管颁布了若干部禁止奢侈的法律，却几乎没有取得实际效果。这类法律在执行过程中，尤其是在末期，对每个阶层都做了详细规定，比如只有拥有伯爵以上爵位的人才能穿饰有金箔的羊毛织品，甚至连什么阶层能穿架在肩膀上的褶领都已有所规定了。虽然政府将这些法条制成了一览表发给伦敦各城门的官吏监督执行，但这在理论上是毫无意义的。

因为此时的伦敦已经是匿名社会，人们只能通过穿戴来判断陌生

洋服匠（Charles Whynne-Hammond, *Towns*, 1976, Bastford）

人的身份，而那身装束是否符合他真正的身份则无人可知。所以虽然出台了很多这类法律，但是几乎没有人按律受到处罚。

不敌经济不振的《禁奢法》

至 16 世纪下半叶，禁奢类的法令再没有以议会立法的形式出台。由于在议会无法通过，国王及其周围的人只好拼命以布告、命令的形式发布主旨相同的规定。

为什么议会不愿通过此类法案了呢？这是因为 16 世纪后期，由于从伦敦到安特卫普的毛纺织品出口受阻，英国经济陷入了长期的不景气，使平民院（下院）议员开始质疑《禁奢法》是否会有碍经济的发展。

平民院主要是由虽位列绅士阶层，但仍比贵族地位要低的、占该阶层大半的传统绅士构成。从身份上看，他们虽然是平民，但作为绅士几乎都是拥有大片土地的地主，是依靠把土地出租给农民生活。因此，贵族也好，绅士也好，都已转变成为有闲阶级，这正是绅士之所以是绅士的原因。而且与从中世纪传承下来的贵族不同，很多人原本是贸易商或律师，是在商业或法律事业成功后成为地主的。譬如，在英国 16 世纪 30 年代的宗教改革中，修道院被解散，修道院领地成为国王的领地。此后，国王渐次出售修道院领地时，很多人买下这些土地成为了新的绅士。

即使成为国会议员，绅士仍然对经济状况非常敏感，可以说这些人都是有商业意识的人。当失业者涌入自己的领地时，为了扭转局面，他们自己也俨然成为了企业家。如前所述，如果亲自进行经营活动就不能成为绅士了，所以他们自己不会去做生意，但是会派人调查自己的领地上是否产煤，研究土地是否可以种植充当染料的植物以及从美国带回来的被视为高价值经济作物的烟草。

这一时期还出现了一些新的制造业，比如兴盛一时的织袜业。袜子是那个时期最时尚的明星商品。在那之前，英国人不怎么穿袜子，直到 16 世纪才逐渐开始流行起来。伊丽莎白女王便曾以拥有一双黑色绢袜为傲，甚至将其列入遗产目录。当然，同样是袜子，随着顾客阶层的下移，材质也会有所改变，一般庶民穿的是很久以前就有的"旧毛织物"，即传统的厚织袜子。但是，即使是便宜货毕竟也是编织品，所以也是需要人来加工的。

而且虽然袜子是非常流行的时尚商品，但如果这种东西一旦被《禁奢法》限定在特定阶层的话，从业者也会受到打击。因此，当上平民院议员、被称为绅士的人是不可能给《禁奢法》投赞成票的。虽然旧贵族和国王的近臣苦于身份秩序面临崩溃，想要继续出台禁奢类的法案，但也根本无力改变什么。对于反对派来说，《禁奢法》在社会层面毫无用处是一目了然的，但是否有害于经济才更是其考量的重点。

就在此时，继承伊丽莎白王位的苏格兰国王詹姆斯六世于 1603 年来到伦敦，成为英国国王詹姆斯一世。他在 1604 年的首次议会上便彻底废除了《禁奢法》。

1604 年是关原合战 ① 结束后的第四年，日本进入江户时代不久也颁布了《俭约令》等法令。《俭约令》是典型的日本版《禁奢法》，这个法律也和身份秩序有关。此外，法国也有禁奢类的法律。在这类法律即将在各国大量出现的时候，英国却完全废除了其《禁奢法》。

禁奢类的法律是世界各国在从中世纪向近代过渡的近世时期，为

---

① 1600 年，德川家康领下的"东军"与原丰田秀吉家臣石田三成为首的"西军"在美浓关原地区进行决战，以东军获胜告终，此后德川家康于 1603 年在江户开设幕府（即德川幕府），日本进入江户时代。

了阻止中世纪的身份秩序崩溃而普遍出台的法律。而英国则是世界上第一个全面废除该法的国家。无论从经济史还是生活史的角度来看，这一点都具有重大意义。

这其中，巨型都市伦敦的存在可以说是功不可没的。虽然伦敦成为大都会后，对于与社会身份相对应的服装并没有特别建立管制系统，但如果从原则上废除旧有的《禁奢法》的话，固然在道德层面会引发各种议论，在法律上却明确了每个人都可以任意着装。这样一来，在伦敦便逐渐形成了"以衣断人"的现象，穿着上流衣着的人就会被当成上流阶层。在我们看来，过上上流生活就是上流社会的人，这是理所当然的。然而古时并非如此，无论打扮成什么样子，上流就是上流，农民还是农民。但现在变成了外表优先的社会，这也是城市生活的一大特征。这种社会现象最初形成于 16 世纪下半叶的伦敦。

由需求拉动的经济增长

在经济史上，出现本小节标题中的现象，意味着英国已经形成了一个涵盖全国的国民市场。比如法国，住在凡尔赛宫的贵族们过着奢靡的生活，但那仅仅是贵族的事，从市场的角度来看其影响力是非常狭小的。但在英国，王室一旦流行某种事物，便会以相当快的速度扩散到全体国民中。

后来东印度公司进口的棉花也是如此。例如，有一种英语称为"calico"的印花棉布，东印度公司出于销售战略考虑首先将这种商品赠呈给了王室。当它在王室中流行后，贵族就会开始模仿，当它在贵族中流行后，就会下沉到绅士阶层，如此这般扩展开来。

这固然与废除《禁奢法》的风潮有关，但我认为更重要的原因在于伦敦的发展壮大。这和红茶为什么会成为英国的国民饮料是一样的道理。英国王室出现饮茶习惯后，周围的人便开始纷纷效仿跟进。相反如果是在法国，即使凡尔赛宫快活无边，南部的农民过的也是与之无关的生活，这样便无法形成国民市场。

用杯子喝红茶。19世纪贫民女性专用的旅馆
（Charles Whynne Hammond, *Towns*, 1976, Bastford）

以往的研究范式多注重通过分析英国人是如何努力工作、如何生产产品来探讨英国经济从近世到近代期间的发展。这当然也是一种历史视角，但我本人更倾向于从为什么这些东西会被制造出来、为什么会被拿去销售、人们又为什么会消费这些东西的角度去进行考察。

马克思主义中的"生产主义"作为经济史的基本观点存在已久。

与马克思主义对立的马克斯·韦伯（Max Weber）大抵也不脱上述框架。与他们相反，出自德国著名历史学派经济学者维尔纳·桑巴特（Werner Sombart）和美国制度学派的托斯丹·凡勃伦（Thorstein Veblen）则关注了在没有需求的情况下消费是如何产生的问题。其中尤以桑巴特的观点更为尖锐。他试图在经济学原理的基础上，以恋爱中特别是恋爱自由的环境下，男性与女性为了相互取悦而产生化妆打扮、追求衣饰等欲望，并为满足这些欲望而拼命工作的现象，来解释资本主义发达的原因。

以上这些都是第二次世界大战前的经济学，我们还可以用更现代的经济理论进行说明。例如，以经济增长模型中的需求拉动经济（demand pull，通货膨胀模型），或与之相反的，认为生产效率的提高可以扩大消费理论（supply side，供给侧模型）来进行分析。

我认为这两种方法都有部分是正确的，但我一直是用需求拉动经济模型来分析经济增长的历史的。所以，我讲社会生活史的很多内容都会提到经济史的因素。

近世城市的地位

一旦伦敦成为了大都会，高度匿名性的社会便随之产生。这样一来，社会格局也会相应发生变化。伦敦的扩大，意味着居住在伦敦的人口变多，经济实力变强。与此同时，城市居民的社会地位也有所提升。

传统上的英国和日本都是农业社会，所以以社会身份的金字塔序列是以农村为基准建构而成的。也就是说，对土地拥有的权利是决定一切的根本基础。首先，拥有土地的人和没有土地的人是分隔的，以什么样的形式拥有土地以及土地是否由国王直接授予（或称为直接受封者），都会影响他们的地位。正因为这种决定身份的形式，城市居民很少进入传统的身份金字塔序列。那么，主要以动产的形式拥有资产的城市居民居于何种位置呢？

在英国史中，必定会提到"市民"（citizen）和"资产阶级"（法语bourgeoisie）这几个词。按照字面意思理解，市民就是在城市中获得市民权的居民，资产阶级与其不同，是指称有产者。不过在英国，能称为城市（city）的地方数量非常有限。虽然在北美英语中，大一点的镇就能被称为城市，但原本在欧洲是设有主教座堂的城镇才能称之为城市，这样的城市在英国只有26座。伦敦城（City of London）也是因为拥有主教座堂，才能称之为"城"的。如果是没有主教座堂的城塞，也就是从城堡（burg）发展而来的城下町都被称为"堡"，那里的居民叫做"资产阶级"。无论市民还是资产阶级，在近代英国城市中，真正拥有市民权的人往往不到人口的一半，也就是说很多城市居民都不是市民。

这些城市居民应该被安置在什么样的身份上呢？这是一个非常棘手的问题。如果留心观察《禁奢法》的变化，就会发现如何给予城市权势阶层相应定位的问题早已显现，但很长时间以来一直难以解决。

城市里的人不像农村那样，一个人是自耕农还是地主有着明确的标准，而是以收入多少等作为其社会地位的基础的。正如前文所述，即使官吏守在城门手持清单对照装束，也不知道对方的收入是多少，所以毫无意义。

在这一时期的城市中，特别是伦敦，位居最高阶层的虽然也有在地的绅士和贵族，但一般都是大贸易商。到了贸易量大爆发的 17 世纪下半叶，贸易商的力量更是急剧增强。其中的大老板是不会每天来到商业现场打算盘的。他们不仅有教养，而且作为贸易商掌握多门外语，通晓国际事务，热心慈善和文化活动等——他们似乎在大声宣布，自己已经具备了绅士的所有条件。

此外，城市中还有很多律师。律师如果在乡下执业，就无法获得客源，所以多会向城市聚集，特别是伦敦。这与伦敦设有四所作为律师培养机构的高等法学院也有重要关系。

作为内科医生的"physican"由于主要工作对象也是绅士，如果在小地方就只能面向当地有限的绅士群体提供服务，所以很多人也都选择在伦敦工作。

因此，在伦敦聚集了很多专业人士，也就是专门职业者。由于这些专门职业者的顾客都是绅士阶层，所以经常会和绅士们产生交流。同时，他们与地主等阶层的通婚也在逐渐增加。我将这类人称为"拟似绅士"，也就是"类似于绅士"的人。

从事上述职业的人大多是地主的次子或三子。他们原本就出身于绅士之家，且顾客也是绅士，因此具有自身属于绅士阶层的自我认识。但由于他们居住在以伦敦为中心的城市里，也就产生了与在各领地居住的地主绅士进行交流的必要。与之相应的，便是交流场所的营建。由此便产生了社交现象。

城市上流社会的社交

通常来说，上流社会的贵族之间，无论在哪里都能开展社交活动。但是，产生于近世英国的"社交"是以城市上流阶层与农村上流阶层间的交流为特征的。

作为最知名的社交活动之一，英国至今仍普遍保留着一般被称为"伦敦社交季"的习俗。这在英语中称为"The London Season"，经常被简称为"The Season"。

作为专门研究 16 世纪至 17 世纪历史的学者，伦敦大学的 F.J. 费舍尔教授过去曾系统研究了 16 世纪末到 17 世纪初某位上流社会女性的日记。其中包含有她与姐妹同行来到伦敦，去各种各样的地方出席聚会的记录。费舍尔教授认为这是伦敦社交季的开端。原因在于其日记内容说明了这一时期各地的绅士们开始有了来伦敦花费几天时间举办社交聚会的活动。不知道最初的聚会是否邀请了商人参加，但律师、医生、高级官员等都是较早开始就位列其中的。所谓"社交界"便是这样形成的。

这种社交是非常有特色的。这种外地的绅士带着几个随从去伦敦，在那里停留很长时间并出席各种社交聚会的习惯在此后不断发展，并于19世纪的维多利亚时代达到了顶峰。在这一时期，据说他们在伦敦停留时间会多达半年左右。类似的上流社会大规模人口移动和交流的现象在日本也出现过，不用说大家也能联想到江户时代的参觐交代制度 ①。

但是，要想开展社交活动，首先必须建立社交场所。这一时期，在英语中被称为"pleasure garden"——我翻译为"社交庭园"——的设施被陆续建成。其中最有名的要数现在已经成为伦敦地名的名为沃克斯豪尔的（Vauxhall）社交庭园，此外还有一个叫兰尼拉（Ranelagh）的社交庭园。后者是一座因建有圆形剧场而闻名的花园（与之相似的圆形剧场，现在还有海德公园南侧的阿尔伯特音乐厅）。再有就是虽然没有作为地名留存下来的最早的社交庭园——春景园（Spring Garden）。

这样的社交庭园陆续在伦敦各地出现，许多外地来的人出入其间，在此进行社交活动。社交庭园里有散步道和游步道，种植着高大的树木，还有池塘和随处分布的凉亭。此外，庭园中间或会有音乐演奏以及类似餐厅的场所。上流社会的人们夜夜笙歌自不必说，白天也会穿着华贵的衣服，坐上马车来这里漫步。而这种闲庭漫步同样构成了一种社交场面。

---

① 日本江户时代幕府规定各藩大名每年都要前往江户，为幕府将军执行一段时间政务，而大名一般也会带很多随从随行，形成大规模人口流动。

（上）罗兰德森《沃克斯豪尔社交庭园》(G. Rude，*Hanoverian London，1714–1808*，1971，Secker & Warburgl)
（下）沃克斯豪尔社交庭园全景（出自上图同书）

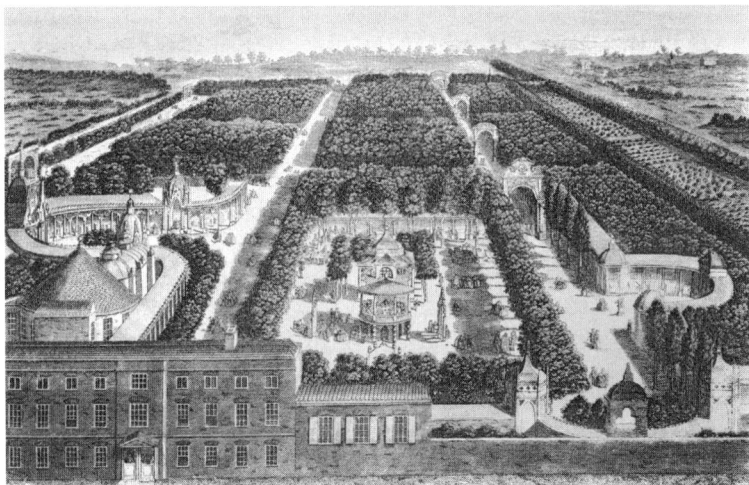

（上）兰尼拉社交庭园（圆形剧场外景）。举行假面舞会的日子（出自左上
图同书）

（下）卡纳莱托《兰尼拉社交庭园的圆形剧场》（出自左上图同书）

在社交庭园内的餐厅里的聚会
（G. Rude，*Hanoverian London*，1714-1808，1971，Secker & Warburg）

　　散步，也就是单纯以行走本身为目的的步行活动。仔细想想，似乎是在乡下不太能看到的都市生活文化。那么，散步到底是什么呢？说起散步的初衷，虽然可以解释为去修建了游步道的风景优美之地做点什么，但从社交的角度来说却不限于此。在古希腊就有许多一边散步一边谈哲学的故事，在京都，也有西田几多郎等人经常散步的"哲学之道"，但我想那是另一个话题。

　　以我们普通百姓的日常生活来说，这就像去热闹的商业街逛街的心情。我曾问学生："为什么会想去四条河原町（京都的繁华街区）逛？"虽然他们给出的大都为"只是去橱窗购物"①之类的回答，但临

———————————
① 指逛街不买东西，只看街边橱窗里的陈设。

行前却都要精心化妆，穿戴整齐的。这说明他们的外出是以"被看"为前提的，此外还有去"看"人。实际上，如果阅读这个时代来过英国的外国人所写的介绍性文章的话，可以发现社交庭园在当时已经被描述成一种"看和被看的场所"。其中的"看和被看"是社交活动的关键词。

作为都市社交的一部分，散步的大前提是去"看和被看"，它既有看人的一面，也有被人看的一面。于是便出现了这种具有独特功能的社交庭园。例如，来自瑞士洛桑的青年记者塞萨尔·索绪尔（Cesar Saussure）在寄往故乡的关于英国生活的十一封书简中的一封里对此做了描述。他看到从圣·詹姆斯公园一直延伸出来的贝尔·梅尔长廊上，夏季从傍晚7点到10点，冬季从中午1点到3点，"一路都是有穿戴得各具特色的人，有些人是为了看人，还有的人是为了被人看而来"。当时，即使是在郊外的海德公园，他也经常目睹坐着马车的上流男女"为了互相看或被看"而聚集在一起的场景。

晚于索绪尔很多年，在英国最繁荣的时期来到华丽的兰尼拉社交庭园参观的普鲁士神职人员卡尔·莫里茨（Carl Moritz）也以"迷失在仙境中的孩子"一语描述了其眼花缭乱的经历。按现在的说法，就是有生以来第一次去迪士尼乐园的感觉吧。而且，他在书中也曾写道："一边是很多想要相互观看和被看的人在悠然漫步，一边是喜欢音乐的人在倾听管弦乐团的演奏。"

就这样，以社交庭园为舞台，伦敦的社交活动变得越来越普遍。

在伦敦以外的各地也出现了专门从事社交的社区，这就是 18 世纪新市镇（new town）的典型特征之一，相关内容我们会在后文详细叙述。其中最有名的是巴斯（Bath），这个留存着罗马人温泉遗迹的城市在 18 世纪作为专门服务于社交活动的城市而复活了。位于伦敦以南的唐桥井（Tunbridge Wells）等地也是此类代表。

即便如此，这种自我展示甚至炫耀都是属于都市文化的特征，那些居住在乡下的绅士们是没有这样的习惯的。因此，虽然后来出现了巴斯那样因专门服务于社交活动而兴起的外地城市，但所谓"社交界"的主要阵地还是在伦敦。而且，这也成为推动伦敦城市进一步扩张的重要因素。

"社交季"的经济意义

这样一来，在乡村征收的地租，也就是乡村的财富，就会被绅士们转移到伦敦。伦敦虽然也有产业，但本质上是以政治和社交为主的城市，所以在经济上是消费的场所。因"社交季"而停留在伦敦的绅士们必然开始寻找结婚对象，咨询如何购买土地，这一切都会使地方的收入被纳入伦敦的消费结构中。

"社交季"还有一个功能，那就是把伦敦的时尚带回乡村。这一点不仅限于绅士阶级的人，随行的帮工和车夫也会把时尚带回去。各个阶层的人或多或少都来过伦敦，这也是其与参觐交代制度的共通之处。

由此，伦敦的最新时尚经"社交季"扩散到了英国各地，这就使英国形成了相对来说全国统一的消费文化。又由于社交活动每年都会举行，所以使英国具备了时尚风潮一经兴起便可以迅速在全国扩散的特点。而且，从文化价值来看，还产生了伦敦的流行文化比其他地方更胜一筹的观念。

其实我很想考证一下这种观念具体是从什么时候兴起的。我认为应该是在伦敦成为大都会的过程中才真正开始确立这一局面的。

当时的文献中出现了很多"吹伦敦风"之类的记载，即使是乡村绅士的仆人们，去过伦敦之后就会装腔作势地说："这种事在伦敦就不会这样。"这和战后日本有人动不动就说"在美国如何如何"是一样的。

本来，绅士的文化价值在于农村。即使其标志性的猎狐运动也是以打猎为前提的，这都是农村的东西。绅士的田园生活文化原本被认为是最高级的，但不知不觉中，城市文化占据了优势，连绅士自身也融入了城市的生活文化之中。我认为这正是近世这个时代的微妙之处。

17世纪还有一个重要现象，那就是出现了绅士经常流连而贵族不常光顾的咖啡馆。与构成"社交界"的人群相比，咖啡馆这种社交场所更平民化，很快便成为城市中产阶级经常光顾的地方。当然，上流社会的人也并非与此绝缘，但王室是不会出现在这种地方的。这种咖啡馆也会举行非常热闹的交际活动，但这也应该算是纯粹的都市活动了。

总之，社交庭园和咖啡馆是两种特色鲜明的社交场所。随着咖啡

劳埃德咖啡馆（经济信息最为集中的咖啡馆）
（D. Hill, *Georgian London*, 1970, Macdonald & Co.）

馆的诞生和社交庭园的出现，服务于夜间社交聚会的场所也理所当然
地出现了。

由于伦敦社交季的发展，专供上流社会人士泊宿的住宿设施开始
出现，面向从外地来到伦敦的上流阶级的服务业也随之发展起来。由
于马车不是所有人都能拥有的东西，所以出租马车的业务也应运而生，

18 世纪的伦敦。画面中间是被称为"轿车"（sedan）的轿子
（Charles Whynne-Hammond，*Towns*，1976，Bastford）

这相当于现代的出租车。甚至连洗衣工这样的工作也开始出现了。由此，伦敦百业俱兴，特别是适合女性，尤其丈夫过世的寡妇的工作越来越多。即使是在外地吃不上饭的女性，只要到了伦敦，也能勉强维持生计。伦敦的社会中之所以寡妇众多很可能也是源于这个因素。

"都会"和"乡村"

都市的生活文化在 17 世纪后期以降，便开始向伦敦以外的地方城市扩散。对于这个过程，有位历史学家在总结以往研究的基础上，提出了针对地方城市的"城市复兴"（Urban Renaissance）一词。我认为这是一个非常重要的课题。

　　进入 17 世纪下半叶，英国地方城市开始发展，出现了一批很有特色的城市。但英国毕竟是以伦敦为单核中心的国家，与伦敦相比，近世以来的地方城市规模都很小。在 17 世纪末，伦敦已拥有人口五十万左右，其他城市则不过两万上下。

　　但抛开城市规模的问题不谈，也还是涌现了许多各具特点的城市。如港口城市利物浦就得到了长足的发展。还有自古以来就具备港口功能的布里斯托尔，在中世纪它是继伦敦之后人口最多的城市，虽然在这一时代的排名相对中世纪有所下降，但由于奴隶贸易等的影响，也逐渐发展成为一个大型城市。

　　除港口城市以外，还陆续出现了一些社交型城市。上文提到的巴斯和唐桥井都是如此。从唐桥井地名中的"井"（Wells）可以看出，这里是矿泉水的产地。当时，这个小城中已遍布游步道，专为社交服务的会馆几乎每晚都有社交宴会举行。

　　一般认为，从 17 世纪后期开始，在较大的地方城市中，社会职业构成开始出现变化。如前所述，从事美容、理容、保健等相关工作的人员陆续出现，甚至在各地方城市里也有了律师。出版业开始出现，食品商店也是如此。以前各地仅有贩卖小麦等基础食品的谷物店，这一时期不但出现了进口食品店，还出现了出售茶和砂糖的商店。一些地方还出现了草地赛马等娱乐产业。

　　只要细看一下职业分布就能知道，一方面职业划分开始变得非常复杂，同时服务业的工作也随之增加，这是都市生活文化发展的

（上）在巴斯连日举行的社交聚会（Charles Whymne-Hammond，*Towns*，1976，Bastford）

（下）面向长期在外居住、出席社交活动的贵族和绅士出租的公寓群（巴斯）。轿子是他们的交通工具（P. Lane，*Georgian England*，1981，Bastford）

重要特征之一。到 17 世纪后期，虽然人口与伦敦无法相比，但各地也都出现了自己的新文化。使用 17 世纪许多城市开始建立的地址录（directory）可以比较容易地获得这一时期职业分布。像这样建立起的"绅士录"乃至地址录这类资料起到了相当于记录城市历史的作用，其本身也是"城市复兴"的一部分。

在社会文化方面，虽然没有特定的时间点，但在 16 世纪到 17 世纪之间，城市的生活文化无疑被认为是更为优越了。

虽然英语中也有"乡下人"的说法，例如"country bumpkin"（乡巴佬）等，但没有"城里人"的说法。在日本，战争中曾经有"疏散仔"的说法，在有段时间内曾经用来嘲笑太平洋战争中从城市疏散到乡下的人。虽然我这代在城市出生的人有过这一经历的不少，但一般来说瞧不起城市人的用词并不常见。而"乡下人"则是一个极其普遍的说法。这种现象暗示了一种农村文化价值比较低的潜意识。可以说这是完全颠覆了原本以农村社会结构为基础的身份秩序。在英国这种逆转大概发生在 16 世纪。

16 至 17 世纪，特别是 17 世纪末期，伦敦的人口已达到五十万左右。此时的伦敦经常被称为"怪兽"，讨厌其巨大规模的人为数也不少。虽说都市文化已经取得了优势地位，但与此同时也出现了对都市的厌恶。

最初以讨厌都市而闻名的人物就是詹姆斯一世。他原本作为苏格兰国王住在爱丁堡，当上英格兰国王来到伦敦后，只见天南海北的人蜂拥至此。由于以城市为中心就意味着乡村社会秩序的崩溃，所以有些执政者是不愿看到这样的局面的。在日本也发生过"旧里归农"的遣返事件。我想现在的中国可能也有这种情况。当时伦敦政府曾下令拆除贫民窟的穷人住宅，并且出台了大量取缔令之类的法律，规定不能让过多的人住在一个房子里。

近世城市诸类型

17 世纪末期，与拥有五十万人口的怪兽伦敦相比，布里斯托尔等六七个郡的首府城市，虽然随着时代的推移有所变化，但人口大体维持在一两万左右。相当于日本县厅所在地的"都市郡"（metropolitan county），人口大约也只有五六千到一万人。不过，这种"都市郡"是法律意义上的城市，也就是传统上设有市政府、被认可拥有自治权的城市。

而曼彻斯特就不属于这种法律意义上的城市。因此，曼彻斯特虽然聚集了很多人口，规模越来越大，却没有自治机构。作为历史惯习（manner）的一部分，曼彻斯特是一个仍然存有领主裁判权的地方。正是因为存在这样的情况，到 19 世纪以后，人们开始把聚集了大量人口的地方都称作城市。

在名为《城市自治体法》（1835 年）的法律制定出台的几年后，曼彻斯特便获得了自治体的地位。自治体拥有征收地方税的权力，因此也就成为了行政的主体。如果不是自治体，即使聚集人口再多，城市也无法运转。

近代城市和中世纪的城市是两回事，有一种说法是，中世纪就拥有特权的城市不会繁荣。但从结果上看，英国现在仍然繁荣的都是从中世纪以来拥有自治特权的城市。欧洲大陆也是同样的情况。这表明，城市如果没有自治机构，就无法主动行动。将利物浦和曼彻斯特进行比较，可以充分说明这一点。

利物浦看起来像农村，但从中世纪开始就有主教座堂，因此一直被称为城市。由于自治权被承认，所以拥有城市自治机构，这就成为近代以后，这个城市得以开展诸如安装煤气灯、道路整备、修建下水道等公共事业的前提。然而，同时期的曼彻斯特并没有这样的治理主体。因此，从两个城市的发展来看，利物浦从各个方面都领先了一步。

在近代英国，类似的"都市郡"大约有一百个左右，剑桥和牛津也位列其中。

"都市郡"以下还有市场中心（market center）。这些地方不是城市，只是某种意义上的地方中心，由于设有定期市集而渐渐扩大。虽然战后日本的历史学界普遍认为这是走向近代城市的必经阶段，但实际上由市场中心发展为大城市的例子并不多。也有人据此认为曼彻斯特的发展正是因为没有特权、自然发展的结果，但这是非常例外的情况。

虽然市场中心的规模因时代的不同而有所参差，但英格兰和威尔士地区的市场中心的人口大都在五六百之间。虽然有六百人左右就可以称为市场中心，但其特点是人口浮动变化非常厉害。即使是曾经极有影响的地方，现在空无一物的例子也很多。这些地方虽然大多街道宽阔，沿途却最多只有一间酒馆。

要说在英国的城市序列中都市生活文化究竟形成于哪里的话，严格来说应该只是在伦敦和一部分地方首府之间，即使从广义上看，最多也只限于"都市郡"这一级。人口不到五千的话，恐怕是不太可能形成匿名社会的。

各个时期的新城

但是，纵观城市的历史，每个时代都会出现具有特色的新市镇。以16世纪为例，不时有发展到集市规模的市场中心作为城市化的集落登场。但16世纪也是伦敦急速扩张的时期，此前有一定实力的地方城市都被伦敦吸走了繁华，有很多当时的报告都对地方城市的衰落发出了感叹。就连毛纺织贸易也集中到了伦敦，由于毛织商品可以从伦敦的行会大厅直接出口到安特卫普，从而造成了地方港口的日趋衰败。16世纪英国的城市形态与现代日本围绕东京的"单一集中"有着高度相似之处。

到了17世纪后半叶，前文提到的地方城市发生了复兴，有实力的地方城市开始显现出经济活力。先是巴斯、唐桥井等社交型城市，紧接着还有以海水浴闻名的普雷斯顿、斯卡布罗、布拉德福德等。进入重商主义的时代，由于军港和造船等行业的繁荣，朴次茅斯、普利茅斯、查塔姆等地得到发展，甚至在港口城市利物浦、布里斯托尔、怀特黑文等以外，作为工业城市的曼彻斯特和伯明翰也有所发展。这些都是 17 世纪到 18 世纪上半叶出现的新城。社交型城市和港口型城市成为这一时期的典型代表。

19 世纪的新城是工业城市，这意味着对既往城市印象的完全颠覆。18 世纪以前的新城，以社交型城市为典型，有公园，有散步道，所以城市给人的印象是干净、愉悦的地方。与此相反，稍微快进点说的话，城市到了近代也就是 19 世纪，就变成了像小说家狄更斯所说的"焦炭城"那样的形象。虽说古老的城市也会随着时代而改变面貌，但新城可以说直接反映了那个时代的特征。每个时代都有各自的新城。伦敦的码头区便是 20 世纪下半叶的典型新城之一。

"快乐、美丽"的近世城市

正如 18 世纪的伦敦和地方城市那样，近世城市给人的印象是比较干净的。而商店街的存在还会给人一种城市是充满快乐的地方的印象。如今，是否拥有商业街、是否能"橱窗购物"可以说是衡量一个城市的标准之一。想象一下没有商店的城市会是多么无趣。在日本到处都能看到住着很多人却没什么店铺、到处都是公寓的地方，虽说是都市却只有水泥建筑充斥其中，给人一种寂寞的感觉。我们向往都市正是因为那里有商店，所以商业街的建成有着很大的意义。

与 17 世纪、18 世纪的城市给人的快乐和明亮印象相反，19 世纪的现代都市则是以曼彻斯特为代表的产业城市和工业城市。它们往往给人一种与此前相反的阴暗印象。这是一种终日烟熏缭绕，一切都黑乎乎的感觉。伦敦从什么时候开始变成烟雾之地是一个很难回答的问题，日记作者约翰·伊夫林在其著作《英国的特质》一书中，记录了 17 世纪下半叶家家户户冒出的黑烟把伦敦弄得烟熏火燎的景象。他写道，伦敦就像"人间地狱，火山烟雾一样的煤烟覆盖着这里，毒烟会腐蚀钢铁，使所有的动产都化为泡影。所有的东西都被熏黑了，毒烟侵入每个市民的肺，所有人都在受着咳嗽和结核病的折磨"。

近代城市也就是工业城市的形象是"污黑"
（Charles Whynne-Hammond, *Towns*, 1976, Bastford）

可以说，城市的常规形象从明亮绚丽变成了灰头土脸，它不再雅致，而是与肮脏、黑暗、贫困等负面形象相联系，这都是 19 世纪发生的转变。正如我们之前看到的那样，代表了整个 19 世纪的小说家狄更斯把近代城市称为"焦炭城"。由此，近世城市与近代城市在形象方面形成了鲜明的对比。伦敦这座城市的形象也发生了彻底的逆转。

虽然 19 世纪初的新城多以工业城市为主，但到了后期，随着一位名叫埃比尼泽·霍华德（Ebenezer Howard）的人物出现，一项名为创建花园城市（Garden City）的运动有了蓬勃的发展。以位于英国中部地区的莱切沃斯为试点，英国各地开始了花园城市或称田园城市的建设，其目标是建立道德高尚、没有娱乐设施、适于中产阶级居住的高雅城镇。这成为 19 世纪末典型的新城镇。这种花园城市目前在日本也已被建造出来，涩泽荣一和东急的五岛庆太规划建造的田园调布、阪急的小林一三亲自设计的箕面等都是其范例。

城市化与经济增长

至此，我们已从生活形态变迁的角度完成了对英国近世城市发展的梳理。人们的生活环境从原来由领主或地主支配的农村逐渐向城市变迁。

城市化的生活环境意味着人们的生活从"自给"向"购买"的转变。这一过程也被称为"万物的商品化"（具体事例可参考图拉斯汀的《作为历史体系的资本主义》），这一过程至今仍在激烈地进行着。在农村，家庭和地区共同体——具体来说应该是教区——曾经有过的物品和服务的自给功能，包括从山上拾回来的柴火，到孩子的衣服、保育和护理的服务，或者从分娩到葬礼的各种琐事，所有的一切都不再能靠家人或邻居"自给自足"，这就产生了必须购买"商品"的必要。在我们现今的城市生活中，不用说燃料和衣服，就连最普通的水，即使是自来水或是塑料瓶装水，也是"买"来的东西。罐头食品、便利店和外卖产业的普及已经把"每天准备食物"这一服务从家庭自给之物变成了"买"来的商品。

但更重要的是，随着这种变化的产生，"商品化"的商品和服务事实上成为了经济统计上的"生产"。家庭和共同体内部自给自足的物品和服务不能算作"生产"。作为家庭主妇的母亲若是养育自己的孩子，那不能算是"生产"，但如果她把自己的孩子交给别人，自己从事保育员的工作，照顾别人的孩子，这样就"生产"出了保育服务。也就是说，"自给"对一个国家的生产统计没有贡献，但如果实现了商品化，就会对"经济增长"做出贡献。近世城市出现以来历经了五百多年的"城市化"过程，就是这样一直发挥着将我们的生活行为与"经济增长"联系在一起的作用。

在以往的经济史研究中，近代英国经济增长的始动大都被视为工业化的"另一张脸"。但是，从生活文化的观点即从消费的角度来看，推进经济增长的是城市化本身。因此，在下一章中，让我们循着"经济增长"的思路来进行分析。

第二章

「增长偏执」的起源

作为现代病的"增长偏执"

融入城市文化意味着消费生活变得丰富多彩，为了支撑日益丰富的消费生活，当然必须增加收入。因此，人们如何看待生产和劳动这组活动之间的关系便显得尤为重要。

在我看来，近代化的过程中存在这样一个原理：人有很多想要的东西，并且在消费这些东西的同时社会身份也会得到提升，这是推动人们劳动意欲高涨的核心动力。不过，对于近代性的劳动意欲出现的原因，还有以马克斯·韦伯为代表的另一种观点。韦伯认为，促使人们工作的根本动力来源于宗教上的强迫观念，也就是在世时如果不努力工作的话，可能就无法得到上帝的救赎。我觉得这种观点有一定道理，但这种信念也存在于天主教信徒群体中，在中世纪的社会中就已经出现，所以韦伯将其由来归为新教，特别是英国清教徒的思想，委实有些过了。其实现实并非像韦伯所说的那么复杂，用桑巴特式较为通俗的说法就是，想穿漂亮的衣服，想讨女孩子欢心，就必须为此而工作。

但是，有关为什么会出现生产性劳动的讨论历来是资本主义发展史中的基本问题。那么，所谓资本主义究竟是什么呢？日本的传统历史学由于受到马克思主义的强烈影响，大多数学者都是以阶级对立为基础进行思考的。

阶级对立的问题现在也是存在的，并且贫富差距在小泉首相的改革实施之后进一步扩大了。我们一提到美国，就会想到那是一个充满"美国梦"的美好社会，诞生了很多富翁，棒球选手的年薪也和日本相差悬殊。但当飓风光顾时，无数美国人没有上过保险，没有用以逃难的汽车，更没有存款，这些现在也是众所周知的事实。这也是一个奥巴马总统想要推行明显合理的、旨在扩大公共健康保险的覆盖群体的改革，却遭到几乎一半国会议员反对的"奇怪的国家"。

姑且不论阶级划分有没有道理，产生如此巨大的贫富差距，当然可以说是一个严峻的问题。但我们现在所面临的另一个问题是，无论是资本主义还是社会主义，继续这样发展下去资源问题要如何解决？另外也有人担心，如果所有中国人都和日本人吃一样的食物，世界会变成什么样，或者对环境会产生如何影响等问题。

乍一看，这不是资本主义固有的问题，本质上是经济增长的问题。但是我认为，所有人都必须过上比过去更好的生活，这就是对资本主义在另一种内涵上的定义。而且，最近一些年的事实也证明了，如果以促进经济增长为目的，资本主义比社会主义更有效。但是，如果以各国都得到充分发展，即以所有地区都成为世界体系中的"核心"为前提来思考的话，那么地球会变成什么样子呢？如果是这样的话，就必须长期保持经济增长，增长率不能是零，负数就更不用说了。但这样的想法好像是有问题的。如果祖父生活的时代和曾祖父的时代不能停滞于同一生活水平，那么就意味着医学、数学、科学技术、艺术等社会各方面都必须有所发展，由此，我们的社会便将发展和增长当成了理所当然的前提。但将这个理论套用到全世界，就会出现破绽，这会导致资本主义及支撑其发展的科学技术中得到广泛认同的"经济增长崇拜"问题。

尽管如此，经济学却很少触及这些根本问题，似乎只考虑如何使经济加速增长。人类必须进步、成长，必须过上比以前更好的生活，这种想法已经成为一种强迫观念，所以我说这是一种"增长偏执"。科学技术领域基本也和经济学界一样，顶多也只是提出了"可持续发展"之类的口号，而且归根到底"可持续发展"这个说法怎么看都像是自我矛盾。

这种单以经济增长为目的的观点或者可以称为"增长偏执"的心性，毫无疑问已经成为了我们近代世界体系的基本理念。与其他的世界体系相比，我认为近代世界体系的特色就是带有强烈的扩大和增长的观念。那么，这种思考方式是从何而来的呢？我想试着从尽可能多的方面进行综合考量。

午睡与加班选择哪个

以前一直有种说法，"后弯劳动供给曲线"① 会消失。我认为从个

---

① 劳动供给曲线是指一定时期内劳动者在各种可能的工资率下愿意而且能够提供的劳动时间。劳动供给曲线的形状表现为一条向后弯曲的曲线，表现出劳动供给量随着工资上升先增加后逐渐减少的特征。

人行动的观点来看，这只是开始。

　　首先，是什么造成了劳动供给曲线发生后弯呢？假设有一天，日薪变成现在的两倍，人们会怎么做？从单纯的经济逻辑来看，劳动也是商品，如果商品价格翻倍，人们就会乐意提供更多的劳动供给。很多人会说，既然工资能涨那么多，那就去工作吧，人口也会因此产生大量聚集。但是看了早期的重商主义文献，似乎在过去的社会里情况并非如此。

　　事实上日薪突然翻倍的话，第二天劳动者就不去工作了。人们会说昨天已经拿到今天的份了，所以不用工作，选择了午睡。也就是说，如果能拿到高工资，就会更加努力地工作，让生活变得更好，这是我们现在的观念，但过去有很多人的想法并非如此。

　　这种选择让生活水平保持平衡，只为维持相应的生活水平而劳动的想法，用经济学的术语来说就是"闲暇偏好"，也就是说，如果能维持一定的生活水平，人们就不再工作了。现代社会中虽然也有这种行为模式的人，但不允许整个社会都如此行事。人只要是生活在近代世界体系中，就会被以尽可能多去工作来提高生活水平的想法所支配。

　　江户时代的日本人大概也想成为有钱人，但大多数人觉得木匠的儿子继续做木匠，商人的儿子继续做商人就好了，于是他们便像父母一样结婚，继承家业，认为生儿育女之后死去就好了，并没有那种一定要上升前进的想法。

国史研究虽然不是我的专业方向，但我认为在日本，社会转向"经济增长信仰"的变化应该是在幕末到明治初期急速发生的。在江户时代，老人作为拥有丰富经验的先达而受到尊敬，而如今，他们却被视为需要照顾的麻烦，也就是社会的"负担"。换言之，从与必须比上一辈生活更好的"增长偏执"——进步史观中也含有类似内容——纠缠在一起的近代观点来看，高龄者不再是被敬奉的对象，而是必须被超越的存在。认为近代社会应该"克服"中世纪封建社会的近代主义思想本身也体现在这里。

　　从涨了工资第二天高高兴兴睡大觉的生活模式，变成涨了工资反而更加努力工作的模式，到底是从什么时候开始的呢？当然，这个涉及群体心态的问题很难确定确切的年代。但是从重商主义的文献来看，虽然存在个体和地域的差异，大致而言其论调发生变化是在17世纪。

　　早期的重商主义者认为，为了经济的发展，低工资是最理想的状态。也就是说，如果让劳动者生活困苦，饱尝艰辛，他们就会心甘情愿地工作，但如果给他们足以维持生计的工资，他们就不会再来工作了。而到了亚当·斯密的时代前后，人们开始认为工资越高，劳动者的工作意愿就越强。这种经济理论的变化，绝不是理论家们为了撰写小册子的自说自话，而是英国社会常态的反映，这就形成了收入增加会提供更多劳动的模式。

　　有研究现代英国经济思想史的学者指出："18世纪中期，讨论经济问题的英国人都异口同声主张应该降低工资……他们认为大多数的劳动者都是无可救药的怠惰者，粮食价格抬高反而是件好事。"例如，借用政治算术家威廉·配第（William Petty）的话："当谷物非常丰富的时候，贫民的劳动是比较昂贵的，导致雇主几乎完全无力雇佣他们。只是为了吃饭，或者不如说只是为了喝酒而劳动的人，就是会这么放肆。"（《政治算术》）

但是到18世纪，情况发生了变化。18世纪60年代出版的《粮食价格高涨论》的作者纳撒尼尔·福斯特（Nathaniel Forster）认为，"贫民越贫困，就越勤劳"的学说是错误的。在英国东部的纺织工业重镇诺里奇，"由于一时间需求突然扩大而导致工资上涨的时候"，确实有人减少了工作时间，但是，由于工资突然上涨而失去劳动欲望的只是一部分懒汉，都是废屑一样无用的劳动者。他进一步指出："真正勤奋的工人在因勤奋被赋予特别报偿的时候，不会就此放弃工作。……使人充满活力、积极工作的最可靠的方法，就是让他品尝劳动的果实，这是具有普遍性的原则。"

从福斯特的观点可以看出，劳动者开始将工资上涨部分用于扩大消费的迹象当时已经出现，新经济理论也没有指责其"奢侈"，而是将其评价为需求的扩大。当然，由于对每个时代都有各种各样的观察，关于这一变化准确来说是在什么时候发生的这一点目前还没有定论，但大部分研究经济思想史的学者都承认17世纪的情况与18世纪相比有着很大的不同。

近世的经济理论，无论哪门哪派最终都通往亚当·斯密的理论，虽然日本经济思想史学界那种把斯密当作怪物一样研究的倾向让人觉得不太舒服，但是从明确评价高工资及其带来的需求扩大效应这一点来说，斯密的《国富论》(1776年)的确做出了具有终结性意义的定论。具体来说，斯密指出："提高劳动报酬……能够增进人的勤奋。……如果产生一种认为自己的境遇有可能依靠劳动得到改善的舒适向往……就会鼓舞劳动者，使他们最大限度地发挥自己的力量。"

针对这种劳动报酬越高越好的意见，起初也有很多人持否定看法，认为过高的工资会带来无止境的奢侈。但是很快，更多人开始倾向即使劳动者的高工资会带来奢侈行为，也意味着有效需求的扩大，继而带来经济增长的观点。

那么，这个分界线为什么会发生在17世纪呢？如前所述，17世纪前后出现了很多可供消费的物品，而且有了衣着光鲜就会被看成上流阶层的风气转换。这种变化意味着如果模仿上流社会就会受到惩罚的《禁奢法》的世界或者说与之相对应的社会身份制度不再成立。在这种背景之下，不难想象劳动供给模式也会发生转变。

主权国家间的经济竞争

让我们试着从国民经济的层次思考一下经济增长的问题。我认为英国国民经济这个概念，大约是从近世的某个时间点开始形成的。不过，如果要精确地定位到什么年代，目前还存在很多说法。

在罗马教皇和神圣罗马帝国皇帝之下，中世纪的欧洲与其说处在多国并立的分裂状态，不如将其看成一个完整的基督教世界。例如，如果你问 13 世纪或 14 世纪的人"你是哪里人"，他们肯定不会说"我是英国人"，而是会报上其居住的庄园和教区的名字。如果放得再大一点，最多也就是"我是基督教徒"。但是，也许是因为宗教改革大多是以国家为单位进行的，以这种趋势为契机，英国、法国等国的国家主权意识也得到了增强。

一旦出现主权国家，就会产生主权国家经济，继而主权国家和主权国家之间就会在经济层面上展开相互竞争，这是使欧洲在近代世界体系中成为"核心"的重要因素。近代世界体系中的核心部分是主权国家的集合。这一点与中华体系、印加帝国体系等其他世界体系有着决定性的区别。

进一步来说，与现代相联系的近代世界体系是世界性的分工体制，没有经历过政治统合，因此既没有世界政府，也没有皇帝。除了欧洲的近代世界体系以外，其他世界体系基本上都有皇帝。俄罗斯帝国、中华帝国、印加帝国都是如此。①

近世以后的欧洲也有主权国家的国王。那么，国王和皇帝的区别是什么呢？关于这一点有过很多解释，其中之一就是皇帝是支配世界的

---

① 本书中对"帝国"一词的使用，主要基于西方政治学关于"帝国"概念的中立性描述，即帝国是由若干国家或地区组成的等级权力体系，位于体系中心的国家为宗主国，其势力影响范围内的其他国家或地区则为附属国或附属地，帝国体系内的所有领土和人民均服从一个最高的统治者，通常是皇帝或君主。与马列主义理论中对近代"帝国主义"的指涉不同。

存在。中华帝国实际上也只是统治了亚洲的一部分。但是，在他们自己所持的世界意识中统治一切的便是皇帝。连埃塞俄比亚也有皇帝。再以日本的情况来说，应该如何看待天皇呢？虽然无法立刻对其做出清晰的定位，但基本上也可以如此区分。也就是说，皇帝是从其个人的意识出发统治着"世界"，而与之相对，国王则只是统治着自己的国家。原则上，皇帝在其所在的世界中是无人能与之平起平坐的存在，承认存在与其对等者的话就不再是皇帝了。国王则原则上是以存在很多对等者为前提的。作为欧洲核心的主权国家是由专制王权，即国王统治的国家组成的。虽然也出现过号称全欧洲统治者的神圣罗马帝国皇帝，但是近世以后其力量转衰，相应的主权国家和国王的力量日益强大起来。

欧洲的对外扩张

那么，为何近代会出现欧洲支配亚洲的局面呢？

最近，历史学界中流行着一种倾向，谈论亚洲自古以来就很伟大的说法越来越多。但至少在近代化的过程中，亚洲没能支配欧洲。虽然也有人以七度率领大型舰队航行到印度和非洲东海岸的郑和下西洋为据，试图以此证明中国拥有超过欧洲的对外扩张能力，但明朝不久就采取了海禁政策，日本也在同一时期实行了锁国政策，与世界隔绝。

那么，为什么亚洲没有对外扩张，而欧洲走了出去呢？这其实是一个很久以前就已被提出，但又很难回答的问题。但是，从世界体系论的角度来说，我们可以有一个大致的答案。

所谓帝国，就是一个支配整个世界的强权。在古代中国，皇帝统治着整个国家，皇帝不但独占了武力，并且不允许其他人拥有武力，简单地说，就像刀狩令①一样，根据这个原则，各地的实力派即使持有武器也是不被承认的。

因此，无论帝国型的世界体系有多少，帝国内部都是相对和平的，帝国与帝国之间也许会发生战争，但在帝国内部，至少上层的权力争斗会得到控制。武器发展停滞不前也被认为是可取的。从这个意义上来说，帝国体系是一种维持和平的体系。

然而，欧洲世界体系并不是世界帝国体系，而是一种在政治上难以控制的体系。特别是在欧洲核心地区，由于主权国家并立，开始互相竞争开发武器。中国发明的火药等之所以在欧洲获得了进一步发展，也是因为这个原因。不仅如此，由于武力的提升，就不可避免地出现经济竞争，简单地说就是以重商主义的形式相互竞争。这是推动欧洲走出去的力量。

由此，以欧洲武器开发的竞争为背景，又产生了经济竞争。实际上，在这种竞争中，也会出现经济增长的概念。"政治算术"这一近世独特的学问就充分说明了这一点。

博物学与政治算术——近世之学

说到近世特有的学问，最常被提及的就是博物学了。这是一门依

---

① 即禁刀令，指日本历史上没收武士以外的僧侣和平民所拥有武器的政策。

托地理发现，前往新世界，把没见过的动植物带回去研究的学科。在英国，绅士阶级是从事这类研究的主要人群。当时，无论对化石、动物、植物的研究，还是关于地理和气候问题的研究都被称为博物学。但到了 19 世纪以后，该学科下的各个方向开始分化，陆续形成了动物学、植物学、地理学等现代学科。如今放眼世界，作为大学专业课程的博物学几乎已经不存在了。不过，由于荒俣宏等先生的努力，现在博物学的有趣之处已世人皆知。而政治算术则是社会科学版的博物学。

虽然在欧洲大陆上也出现了类似于政治算术的被称为"官房学"（德语 kameralismus）的学科，不过这类学术最发达的还是英国。而发明"政治算术"这一名词的是威廉·配第。

配第曾在奥利弗·克伦威尔的光荣革命时代异常活跃，在当世人眼中是个难以定位、略显怪异的人。他早年做过珠宝商和测量技师，后跟随克伦威尔征服爱尔兰，在爱尔兰从事测量工作，获得了大片的土地。他的家系源自一个叫兰斯多恩的侯爵家。兰斯多恩是一个非常有名望的家族，20 世纪初负责进行日英同盟交涉的英国外交大臣亨利·查理·兰斯多恩便出身于这个家族。

威廉·配第发明了"政治算术"这个名词。《政治算术》一书也是被岩波文库收录的出版书目之一。但是政治算术的思想基础其实来自配第的朋友中一个叫约翰·格兰特（John Graunt）的人。他曾出版过一本名叫《死亡表的观察》的书。"观察"是英国近世，特别是 17 世纪、18 世纪流行的标题用词。18 世纪后期，英国国内旅游及观光指南书的标题中多使用"图景"（picturesque）一词。威廉·配第的书在使用"政治算术"一词前，也用过这个词。

　　所谓"死亡表观察"就是对"死亡表"的数据进行分析，也就是研究。"死亡表"是对伦敦每周死亡人数的统计。大约在 16 世纪末到 17 世纪初的世纪之交开始出现。

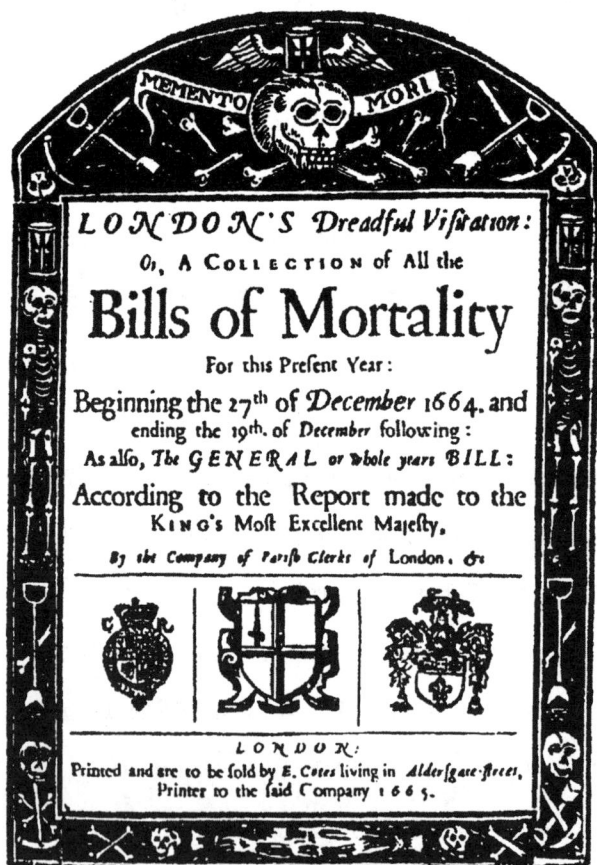

1665 年的"死亡表"。这一年，伦敦爆发了鼠疫

那个时期，伦敦正在流行鼠疫（黑死病），但是却没有很好的应对方法。甚至有人试图用烟熏绿树叶的办法来驱赶瘟疫，但这当然是没有效果的。从我们的日常经验来讲，面对束手无策的危险，就只能逃走了。但是，如果你是来自鼠疫横行的伦敦的话，即使去了乡下也会被厌恶，有报告显示许多人甚至连村子都无法进入。即便如此，富裕的人家还是会想办法逃亡，但往往并不顺利，无奈之下，他们只好乘着破船在泰晤士河上漂浮，过着寝食难安的生活。不管怎样，尽早获取情报，尽早逃跑才是最重要的。因此，人们想到了一种快速获取鼠疫发生信息的方法，即"死亡表"。在进行死亡统计的时候，如果发现某个地方的死亡人数突然上升，就可以推测该地发生了鼠疫，就要赶紧准备逃亡。"死亡表"便是由此诞生的。

伦敦是个什么地方

稍微多说一点题外话，有一个与"死亡表"相关的有趣细节是，伦敦并没有边界。就连东京都是有边界范围的，但从历史上来说，伦敦是无法被明确地画在地图上的。没人知道从哪里开始算是伦敦。直到现在也还没人能够完全准确地统括伦敦这座城市的范围和人口。

也许有人会说，中世纪的伦敦不是也有市长吗？那其实是伦敦城的市长。现在我们所说的伦敦，包括以世界金融街闻名于世的伦敦城以及议会大厦所在的威斯敏斯特市（City of Westminster）两个城区。当然还有周边大片不属于伦敦城的地区也被囊括了进来。近代以后的伦敦市长完全是一个名誉职位，每年必须自费举办数次大型宴会，是一个没有实权的职务。直到近年，也还没有哪位市长拥有与东京都知事同等的权力，其背景就在于伦敦范围的模糊性。亦因此，关于伦敦有着各种定义，有运营地铁和巴士的伦敦交通局设想的伦敦，也有管理自来水管道的自来水局设想的伦敦。

由于存在这种特殊的情况，所以历史学家在书写伦敦历史的时候，首先必须说"我认为伦敦的范围是这样的"。在这里，近世史上最常用的就是"死亡表的范围"。"死亡表"中包含了人们居住的范围。从传染病学的角度考虑，非要以城墙或是其他什么划一条法定界限来框定伦敦的范围是没有意义的。现实中人们聚居的地方就是伦敦。所以，当我们在地理及生活史意义上对伦敦进行具体考察的时候，"死亡表的范围"恰恰是合理的。正因如此，"死亡表的范围"，也就是伦敦的范围才会不断发生变化。直到19世纪末设立了伦敦土木局，该局所划定的范围才被大多数人接受为"伦敦"的范围。

这是一个非常复杂的话题，在这一点上，实行地方自治的英国与日本的国家体系存在着很大的差异。在英国，以往人们聚居之处即被赋予自治权，成立自治团体，因此想必地图上不会严密地标示自治团体的范围。虽然现在有所不同，但英国传统上便不像日本那样由中央政府对各地行政范围进行严格划分，因此存在很多归属模棱两可的地方。

"政治算术"的建立

言归正传，"死亡表"中是以作为人们生活据点的教区为单位，收集各个教区前一周有多少人被埋葬的统计数据。"死亡表"中能看到某一年死了多少人，哪一周死了多少人等数据。格兰特利用这一点算出了人口数量。因为除去鼠疫流行的时间，大体上平时死亡率会有一个相对固定的比例，所以可以从死亡人数反推出人口总数。

虽然人们已经可以依靠前文提到的 20 世纪 60 年代至 70 年代出现的家族复原法非常快捷地掌握 16 世纪到 18 世纪末的实际人口变动情况，但在此之前的人口情况，即使是 20 世纪的历史学也无法准确解答这一问题。长期以来，人们多是根据教会的埋葬记录和出生记录进行某种程度的推测。虽然大多数结果是以埋葬记录的数字为基础计算出来的，但由于不同的研究者使用的系数不同，往往导致有的人得出的数值偏高，有的则数值偏低，即便推算值也是各种各样。但是，大致的数字走向是一致的。而早在 17 世纪，格兰特就已经做了同样的工作。

话虽如此，为什么一定要对人口进行计算呢？因为"人就是力量""人就是财产"这种思考方法是"政治算术"的基础。但是说到人，其中又既有像大贵族那样收入丰厚的人，也有靠乞讨生活的人。当时普遍认为，连自己都无法养活的人对国家来说不是财产而是不良资产，只能当成负担考虑，而大贵族因为有巨额收入，所以可被认为是国家的财产。

如果这种大贵族逃走了，国家就会很为难。因此，近世英国实行了非常严格的出境管理制度。另一方面，这个时代的英国又几乎不实行入境管理。因为有人进入英国，就意味着有财富进入了英国。这是近世英国关于出入境的基本想法。简而言之就是根据收入来决定人的价值，有价值的人多的国家就富裕，没有价值的人多的国家就贫穷。然而，配第认为人口本身就是财产，是衡量国力的基本要素，并对英国、荷兰、法国三个国家的人口基数进行了比较。在此基础上，他假设这三个国家进行了三年的战争，并对各国国内发生的变化进行了模拟推演。这就是所谓的"政治算术"，其方法论的原型来自格兰特。

不过，这一学科的建立还是得益于配第将其命名为"政治算术"。配第"政治算术"的特色在于，他经常对荷兰、英国、法国三国的国力进行比较和评论，并基于国力状况对各国未来的发展趋势进行预测。

在欧洲的世界体系中，相互竞争的多个主权国家构成了一个"核心"地带。与此有很大关系的是著名的"配第法则"。根据配第的计算，在人均国民收入方面，荷兰遥遥领先，其次是英国和法国。人口则相反，法国最多，其次是英国和荷兰。荷兰的人均收入很高，所以可以把外国的人吸引来，让他们做各种各样的工作。

他认为，就一个国家的国民经济而言，像法国这样以第一产业为基础的国家，其平均收入乃至福利水平是最低的，像英国这样以纺织工业为基础的第二产业国家则排在第二位，而像荷兰这样以金融、服务业、海运业为主的国家的经济水平明显是最高的。国民经济会随着产业的进步而发生变化，这就是"配第法则"。

实际上，配第对这一问题的考量并非企图建构某种"法则"，而是在当时荷兰、英国、法国发生激烈竞争的背景下基于现实问题的讨论，是一种现状分析。而有趣之处还在于，其中也包含了对未来的预测。认为依靠"金融与信息"的资本主义才有出路的"新自由主义"立场与主张"制造业"即农业、工业等实体经济重要性的立场之间出现的对立，在今天已经成为越来越尖锐的问题。但对配第来说，问题是如何理解当时荷兰、英国、法国三国的现状和未来。

格雷戈里·金的英国——贫民社会

比配第晚几十年，有一位名叫格雷戈里·金（Gregory King）的人分析了 1688 年英国的状态，提出了他的政治算术。他的分析不仅非常详细，而且以当时的政治算术水平来看是非常准确的。学习近代英国经济史和社会史的人无论如何都绕不过他的研究。

格雷戈里·金曾做过登记上流社会和绅士阶级家徽的政府官员。所以，他对上流阶层、上流社会的事情写得非常详细。相对来说，有关平民的内容可能会有不太准确的地方，但在当时已经可以说是出类拔萃的了。他以人头税这一关联每个人的税金台账为基础资料，乘以各种系数，并在自己出生成长的城市进行实地调查，以查明地方经济与税金台账之间的关系。

顺带说一下，格雷戈里·金的政治算术是以家庭为单位的，为此他调查了各阶层的家庭数量。家庭的户主也就是成年男子拥有自己的社会身份，而女性和孩子作为家庭的从属成员则没有直接与社会相连的身份地位，一般只会说他们是哪个人或者谁家的女儿、孩子、仆人，比如父亲是贵族就算是贵族的女儿，父亲是木匠就被说成是木匠的女儿。这样一来，从以成年男性为户主的家庭数量入手，自然就可以对各个等级的人群展开分析了。

这里所说的等级，是所谓社会身份、爵位及职业的混合。因为在当时，职业是决定个人及其家庭在社会金字塔中处于何种位置的媒介。譬如乞丐在当时也被认为是一种职业，所以乞丐的社会身份也是乞丐。因此当时的职业有着这样一种称谓的规范作用，譬如上了年纪的人即使现实中不一定还在工作，也会被以原来的职业相称，就像今天的"头衔"一样。女性本身没有独立的社会地位，偶尔会有因同与自己社会身份不同的人结婚而导致社会地位变迁的情况。但是，这在当时算是一种丑闻。

在格雷戈里·金分析1688年光荣革命的年表中，不但记录了当时的家庭数量及其身份和职业，还注明了每个家庭的人口数量。我们在第一章中已经谈过，英国家庭成员的数量会随着社会地位从高到低而逐渐递减，最底层的流浪汉会因为没有组成家庭而成为个体散人。而且，人口的一半以上都是三人或三人半以下的家庭，几乎可以推断英国已经是所谓的单婚核心家庭的社会。

从他的调查来看，英国一半以上的人口都是平民，这些人的家庭收支平均值都是赤字。此外，英国国内各家庭收支情况赤字和黑字都有，但赤字的情况要多得多。过半数国民的家庭都出现了赤字，有可能有这样的社会吗？这在社会史中是一个有趣的问题。在货币经济的框架内，这样的社会是不可能存在的。然而实际上，人们建造房子的时候，可以使用在附近收集的材料，蔬菜是在作为居所的小屋周围种的，柴火也是捡来的，因此也有论文证明这样的生活也是可能的。不要说燃料和食物，就连育儿等服务也被"商品化"，没有现金就无法维持生活，这是工业革命以后延续到现代的"城市化"生活才有的特征。而且，经济学上所说的"经济增长"只计算"商品化"部分的经济，因此，由于"城市化"和"商品化"使家庭丧失了自给能力的情况是无法计算在内的。

不过，正因为这样的社会结构，贫困救济成为了很重要的问题，从某种程度上来说，如果不从上流阶层向下层转移收入，作为整体的社会就无法维持下去。我认为这为英国社会或者说英国绅士阶层的特征中带来了慈善这一行为规范。这也是"家父长主义"作为统治阶级的绅士不可或缺的资质以及作为领民保护者的"家长式"精神不断被强调的原因。

格雷戈里·金的政治算术最早于1695年左右问世。政治算术最盛行的时期其实是18世纪。在19世纪初，曾针对各种社会问题写下大量著作的帕特里克·科洪（Patrick Colquhoun）也发表了其政治算术方面的名著，延续了这一学派继续发展的势头。

"英国的人口正在减少"——人口论争

18世纪，英国发生了一场关于人口问题的激烈论争。这是一场关于英国人口是在增加还是在减少的大讨论，主张人口减少的言论对英国社会产生了巨大的冲击，激起不少附和的声音。也有不少人认为人口增加了，现在看来，这一方的观点显然是正确的。但是主张人口减少的一方，当时通过宣扬法国人口数量的增长，成功煽动起英国社会的危机感而占据了优势。为此，政府还出台了诸如对出国者进行调查等措施，其根据就在于从人口即国力的基本理论来看，人口因出国而流失的话，国力必然会受到威胁。这一时期，英法之间的战争虽然断断续续，但英国军队一直苦于兵源不足。但如果强行征兵的话，就会造成缺少船员以及农夫数量不足的情况。英国虽然已成为大英帝国，但也正因如此成为常态化感觉人口不足的国家，这是人口论争发生的深层原因。

在这种情况下，为了了解实际人口和经济实力的变化，作为一门学术的政治算术应运而生。但是，无论结果是否存在争议，推算终究只是推算，最终还是要直接计数。这就是从1801年开始的人口普查（国势调查）。之后每隔十年英国政府都会进行一次人口普查，政治算术的模糊推算也就此失去了意义，逐渐消失。时代开始从近世向以科学和技术为基础的近代，即工业化时代过渡。

另一方面，分解后的政治算术又延伸到了经济学、社会学等社会科学领域。也有人认为配第是劳动价值论的创始人。在出现了以经济学和统计学为代表的社会科学分支以后，政治算术本身便开始衰落。从这个意义上说，政治算术和博物学一样，都是近世特有的学科。

时间序列统计的出现

政治算术还有一个很大的特点，即可以根据人口的变化，也就是所谓的按时间顺序的推移来推算未来的人口。然而奇特的是，在分别对伦敦和英国人口进行推算的时候，有时会发生伦敦人口超过英国人口的情况。有些人觉得很困惑，于是就说世界末日到了。

不管怎样，政治算术是根据过去的人口变动趋势推导，从数量上预测未来，从历史学的角度来看是一种划时代的思考方法。这与 AD（公元后）、BC（公元前）等历史的年代标记法，即历法也有着很深的关系，关于这一点，我们将在下一章中进行论述。

不管怎样，政治算术家们为了不与《圣经》的内容产生矛盾而花费了很大的心思，按照时间顺序将调查数字制成了表格。我认为，这种时间序列的数表与"经济增长"这一概念是表里一体的。"经济增长"这一概念是以欧洲为核心的近代世界体系的基本意识形态，而我的看法是，时间序列数表也是随之在欧洲诞生的。

反过来说，我们可以假定中国、土耳其等"帝国"的经济中没有增长的概念。这么说的话，中国史学家可能会提出中国也有经济增长的概念来反驳。但是，我认为那和西方的"经济增长"有本质的不同。我认为在"后弯劳动供给曲线"没有消失的情况下，"经济增长"的概念很难产生；如果没有经过计算得出数字，就不可能有时间序列数表。

抱着这样的想法，我也调查过使用数字的表格是从什么时候开始出现的。按照这一思路，我想首先调查一下图表的出现时间，但没有找到头绪。即使查阅最有可能使用图表的工业革命研究书籍，在20世纪之前图表也几乎没有登场。

"表格"这个词原意是指罗马的十二铜表法，苏美尔一带也可能出现过数值表。但是，只要使用汉字和罗马数字之类的符号，表格就很难制作出来。我不记得在中世纪的书籍中看到过时间序列表。

当然"表格"这个词还是经常被使用的。最具代表性的是弗朗西斯·培根于17世纪初所著的《新工具》(*Novum Organumum*)。这是一本通篇都是表格条目的书。全书按照"第一……第二……"的格式逐条书写。不久之后的重商主义文献中，乔治·贝克莱(George Berkeley)的《人类知识原理》全以条目书写，也相当于表格。

但是，如果仅仅是分条列出，而不是将数字按时间顺序的表格排列，换言之需要能将其以折线图的形式表示出来，如果不是这样，那么"经济增长"的概念就不能说是真正出现了。这一概念形成的开端便是政治算术的书籍中对人口长期变化的表现。

政治算术带来的影响

只有数据表格能够被列出时，国民经济增长理论才会得到客观史实的支撑而成立。但这也将增长凸显为高于一切的最高命题，导致了今天的"增长偏执"。这样一来，也就催生了各国国民经济之间存在的"竞争"观点。

此外，政治算术引发的另一个论点就是所谓的"配第法则"。根据该法则，比起重视第二产业的英国，更重视第三产业的荷兰的经济及福利水平更高。

实际上，此后英国在第二产业即制造业方面取得了巨大成功。所以一般认为英国在18世纪末的工业革命中胜出是就其第二产业变得异常强大这一点而言的。由此，无人不称英国为工业革命的故乡。但是，在20世纪后期，特别是最后的四分之一时间里英国经济被认为是在衰退的，也就是说没有在"经济增长"的竞争中获胜。因此，出现了英国经济的本质不是工业的，其实是城市金融力量的"绅士资本主义"的观点。

从20世纪末到21世纪，围绕着英国经济是否衰退、衰退的原因是什么而展开了一场大讨论。关于这一点，我会在本书的最后部分进行详细讨论。在这场论争的过程中，英国经济的本质是什么——是工业还是金融，是曼彻斯特式还是伦敦城式——成为了最大的争议点。在这里我想强调一下，这些讨论的大前提都可以追溯到政治算术。

第三章

英国与欧洲世界体系的扩张

迥异于中世纪和近代的时代

在上一章我们介绍了政治算术这门学科以及与之相关的贯穿英国史的双重经济结构。近世英国出现了"增长"这一概念，并且萌生了一种经济必须增长、社会必须进步的"增长偏执"。正如大阪世博会会场旧址至今还保留着"进步桥"的名字一样，经济高速增长时代的日本人也曾偏执地信奉"进步"和"增长"概念。为了探究这种意识的起源，本章将首先就近代世界体系如何形成的话题稍作深入。因为我认为"信仰进步"是近代世界体系的基本意识形态。

世界体系论没有采用具有单一国别史色彩的历史发展阶段论，也就是说没有采用那种各国都在独自从封建社会向近代资本主义社会过渡的立场。因此，世界体系论是拒绝将某些先发国家视为"发达国家"，而视另一些后发国家停留在"封建国家"的看法的。但硬要按时代划分的话，我最关注的是近世这一时期，也就是从中世纪结束，到工业化起步的阶段。

有一点毋须多言，在日本的西洋史研究中，原本是不使用"近世"这个词的。京都大学在战前曾开设过一段时间的"最近世史"讲座，我最初就职的大阪大学也开设过以"近世史"为名的讲座科室，我也被分配到了这里。我曾问当时的主任教授："近世史是什么意思？"他当时回答说："近世史和近代史是一样的。""英语中都是'Modern'，只不过在日语中，中世相对的是近世，现代相对的是近代。"如此这般的一些似懂非懂的话。

确实，Modern 就是 Modern，但英语中也有"近代早期"（Early Modern）的讲法，以区别于晚近的近代，只是无法用一个单词来表达罢了。但是，在日本史领域，"近世"这个词的使用由来已久。因此，我在与研究法国史的二宫宏之先生和德国史的阿部谨也先生一起编辑关于历史的百科事典时，就曾为便利起见，在西洋史部分中也使用了"近世"一词。

近世是中世纪和近代之间的桥梁，是一个过渡时期。这固然是个说法，但是由于历史上任何时代都是前后时代之间的桥梁，这么说也显得没什么意义。因此，我并不想用这种说法来解释。但近世既不同于中世，也不同于近代，这是事实。有一种在中世纪未有，近世以后才显现的社会意识，那便是对经济增长的信仰。

近世人的构想——领土、时间和国力

在近世，发生巨大变化的观念还有几个，例如时间的概念以及空间和领土的概念。在这些概念的内涵逐步发生巨大转换的情况下，近代世界体系才得以发展了起来。时间的观念因年鉴学派和 E.P. 汤普森的论文而广为人知。这就是从"上帝的时间"到"商人的时间"的著名命题。"时间"是上帝试炼世人而赐予的期限，所以不能利用时间收取利息，然而"上帝的时间"的概念在宗教改革以后被"时间就是金钱"的"商人的时间"替换了。有关领土的领有权问题，我们会在后文提到。关于这些问题，政治算术书也给了我们很多启示。

我们在上一章已经谈到，政治算术著作中最重要的问题是国力的计算，而按照时间顺序的推移来反映国力的变化是其中心议题。政治算术认为，国力的中心是人，人口是国力的前提。一个国家的国力可以通过每个家庭的收入情况来测定。总而言之，人口是国家的力量之本，即使国民都是从事生产的农民或士兵，也必须拥有大量的人口，因此如何计算出人口数量便成为政治算术类著作的根本。

当时，政治算术测算国力时所参照的时间序列是以基督教教义为前提的，即从天地创造，或者说所谓的失乐园，也就是亚当和夏娃吃下禁果被放回地球开始，作为人类历史的起点。这样一来，就必须从开天辟地之年即地球人口为两人开始，将其与 17 世纪的世界人口大致联系起来。这个数字虽然对英国的人口估计得相当准确，但欧洲的人口数字就相当可疑，亚洲和非洲的数字更是毫无根据的胡说八道，所以整体的统计数字是十分随意的。虽然现在使用对数的话会比较简单，但是对数这个概念在当时是刚刚出现的，还未得到应用，所以必须拼命地制作表格进行计算。

这时就出现了历法，也就是如何测定年代的问题。政治算术著作中有一套非常特殊的年代测定方法。

虽然在日本一般都会教学生使用"BC"和"AD"分别表示公元前后,但"BC"是英语,当我告诉学生德国人不会说 Before Christ 时,他们无不露出惊讶的表情。而 AD(Anno Domini)由于是拉丁语,才通用于欧洲。

为什么"AD"是拉丁语,而"BC"是英语呢?在中世纪开始书写历史的时候,记录历史的几乎都是修道院的修道士。修道士当然是用拉丁语进行书写的。而且修道士只写耶稣诞生以后的事。而耶稣诞生之前的事都已经被记录在《圣经》里了。因为不能写与《圣经》不同的事,所以《圣经》以前的事都没有历史记录。因此对他们来说,只要记录耶稣诞生之后的事就可以了,历史仅靠"AD"就可以整理。但是,基督教中还有最后的审判(末日审判)一说。因此,中世纪的历史书写者所持的是包含天地创造和最后终结的有始有终的历史观。

但是,到了政治算术的时代,宗教改革已经结束,主权国家也已经出现。这样一来,本国语言便开始大行其道。这就是所谓的俗语世界。以英语和意大利语等为代表,人们也开始用这些语言撰写书籍。16 世纪末到 17 世纪初,在英国出版的图书大多会发行拉丁语和英语两个版本。前面提到的弗朗西斯·培根的《新工具》便出版了两个语种的版本。

与此同时,耶稣诞生之前的事情不再被视为禁忌,甚至《圣经》之前的历史也有人提及。这种情况下,如何计算《圣经》以前的年份就成了新的问题。政治算术著作创造了世界年（Anno Mundi）这个年号，以《圣经》中上帝创造天地为元年，那一年，也就是世界年元年的世界人口是亚当和夏娃二人。

但是，如果阅读《圣经》的话，会发现中间还有诺亚大洪水这一事件，所以有必要把它也计算进去。诺亚大洪水可能是在世界年的几千年之后发生的，当时世界人口减少到了八人。这样一来，就可以将这一年作为诺亚大洪水元年，因此也有历法是从这一年开始的。通常来说，诺亚大洪水之后的第几年和世界年的第几年是同时记录的。如何把诺亚大洪水时的八人到现在的人口变化，从数学上写得让人信服，是一个需要拼命思索的课题。

以上的内容虽说都是关于如何处理公元前的事，但都没有离开过《圣经》的世界观。无论是从上帝创造天地开始，还是从诺亚大洪水开始，都有一个起始点，都试图按照《圣经》的记述进行言说。这是一种历史从开始向现在、未来发展，最终迎来终结的历史观。

但是，我们使用的"BC"有着与此完全不同的原理。也就是说，因为它是以耶稣的诞生为起点，采取了相反的方向，所以有一种过去的历史无限扩大的恐惧感，人们由此产生了可以追寻"天地创造"之前的世界的感觉。"BC"是历法的一大发明，在历史哲学领域，可以说没有比这更重大的革命了。

在政治算术著作中虽然也出现过"Before Christ"，但使用的历法都是"世界年"多少多少年，"诺亚大洪水"多少多少年。在这一点政治算术家格雷戈里·金的世界人口估算。

左起为"世界人口""世界年""基督起源""人口倍增所需的年数"。"世界年"是从《圣经》中的"天地创造"开始的。那一年，人口只有亚当和夏娃两人。但是，世界年 1656 年发生了"诺亚大洪水"，人口变成乘坐方舟的诺亚一族八人。

左起为"诺亚大洪水"年、"世界年"、"基督起源"。倒数第三行是"基督起源"元年。虽然左右两张表的正面都有"基督以前"（BC）的大体想法，但似乎踌躇着要不要追溯到"诺亚大洪水"之前。

上，政治算术堪称半途而废。

这种水平的时间框架虽然在相当程度上可以说不伦不类，但我想这就是近世的特征。在这个过程中，人们关于时间的想法从其属于上帝逐渐转变为它也是属于人的，可以利用时间收取利息。近世的时间观念处于中间、过渡时期。正是在此背景下，如上一章所述，在时间序列统计中萌生了"经济增长"的概念。

地球是归属于谁的——领土权问题

还有一个麻烦的问题，地球是归属于谁的？在基督教的基本观点中，地球也是上帝赋予亚当和夏娃的，也就是说其实是神的东西。不过，上帝虽然把地球赐给了亚当和夏娃，但在西方中世纪、近世，特别是近世的常识中是不承认已婚女性财产权的，所以地球一般被认为是"亚当的遗产"。

那么，大家可能会问，"亚当的遗产"是由谁在管理呢？实际上，是作为上帝使徒的罗马教皇承担着这项工作。1492年哥伦布"发现"了美洲，在翌年也就是1493年，罗马教皇亚历山大六世作为调停者，在西班牙和葡萄牙之间对"亚当的遗产"进行了分割。虽然众所周知，在第二年签署《托尔德西里亚斯条约》时，双方又对分界线有所调整，但重要的是，此时罗马教皇已经不再介入其中了。

即便地球是"亚当的遗产"这一原则是必要的，但一旦进行分割，也就与教皇没有了关系，转而由世俗权力的力量关系决定一切，这在第二年分界线的调整上体现得非常明确。

随之而来的便是领土权问题，特别是在欧洲人眼中的"新世界"——美洲的归属争议，持续了相当长的时间[1]。

在实际操作中，这会演变为以派遣军队、派遣居民和长期定居决胜负的实力至上主义。不过，仍然有很多原则上的束缚，比如地球是"亚当的遗产"，没有取得管理者的许可是不行的。然而，却没人有过取得原住民许可的想法。日本也在教皇子午线划分下归到葡萄牙的势力范围里了，但我们的祖先不可能了解这些。即便与原住民无关，原本也必须首先取得罗马教皇的许可，但在那以后，领土归属就彻底变成了实力至上主义、实效统治与否的问题了。

"先立旗者得胜"

南美洲几乎都被西班牙统治，只有巴西是葡萄牙的领地。按照《托尔德西里亚斯条约》的规定，北美也属于西班牙领土，但西班牙人似乎对北美不太感兴趣。西班牙的手只能伸到这个程度，也说明其"力量不足"。不过，我认为倒不如说北美没有中南美洲那样的魅力。不管怎样，无论南北美洲都属于西班牙这个大原则是以哥伦布到达美洲为前提而确立的。也就是说，亚历山大六世是基于"先立旗者得胜"的领土观决定领土所有权的。甚至后世也仍然存在哪个国家先在南极

---

[1]　关于这个问题，可参照川北稔：《美洲是属于谁的》，NTT 出版，2010 年，以及 Ken MacMillan. *Sovereignty and Possession in the English Nes World: The Legal Foundations of Empore, 1576-1640*, Cambridge University Press, 2006。——原注

和月球插上国旗的问题。

所谓先立旗的原则，是欧洲自古以来发现新土地时主张领土所有权时的惯常行为。如果说真正的先来者，那肯定是原住民，对于欧洲人的理论，原住民是不屑一顾的。哥伦布"发现"了美洲，而赞助者恰巧是西班牙王室，因此南北美洲便都成为了西班牙的领地。

当时的冒险家、探险者就像现在的创业公司一样，要提交计划书，寻求赞助。哥伦布也曾为获得赞助而到处寻求资助，英国王室后来也曾决定支持他，但为时已晚。大航海就是以这种形式展开的，本来这是没有国籍因素的行为，结果却对主权国家的竞争产生了重大影响。

膨胀的欧洲世界体系，收缩的中国

欧洲，至少整个西欧都在以这样的形式推进大航海运动。近代世界体系像被蛊惑一样沉迷于"增长偏执"，不仅追求经济增长，还将地理上的扩张也定为目标。不过，地理上的扩张欲与经济上的"增长偏执"不同，蒙古人有过，罗马帝国或许也是如此，这本身并不是什么新鲜的事情。但是欧洲人开启了大航海时代，发现了美洲，又来到了亚洲，这些都是不可动摇的事实。

近年来，以中国、印度等亚洲国家惊人的经济发展为背景，主张亚洲经济史连续性的研究方兴未艾。但是，即使现状是这样，近代世界体系是由欧洲人主导建立起来的这一点是绝不能无视的。否定这些过去的话，就会变成奇怪的"亚洲事大思想"。

那么，从历史学的角度来看，应该怎样认识现代亚洲经济非常活跃的客观事实呢？用被称为从属理论派的安德烈·弗兰克（Andre Frank）的话来说，就是"站在欧美经济发展的肩膀上，东亚的经济发展才得以实现"。进一步来讲，我认为当前亚洲兴起的经济发展正是以英国工业革命为起点，是西欧经济发展的延续。

也就是说，生产、财富和增长等概念最根本的部分，至今仍未脱离欧洲世界体系。所谓作为独立经济圈的苏联系统似乎也不过只是欧洲世界体系的一部分。现在的日本、中国和韩国也并非位于这个世界体系以外。就连我们关于生产、财富和增长的概念，也是从欧洲起源的东西。以欧洲为参照标准，中国经济才能谈得上正在发展，印度也是在同样意义上开始了经济发展。如果想从历史学的角度证明亚洲的独特性、自立性或亚洲经济的优越之处，首先必须说明现在的亚洲经济与以往的欧洲经济有着怎样的本质不同。而且这种说法起源于着眼亚洲繁荣的过去，如果就欧洲人到来之前的亚洲来说，我想这的确可能开创亚洲经济史的新时代，但是因为现在的亚洲经济正在发展便说近世亚洲经济就很厉害的论调，在逻辑上还是有待商榷，也不太符合历史学的学科精神。

以上是我关于欧洲近代世界体系的思考。那么，为什么欧洲要向外发展呢？虽然上一章已经有所谈及，但在这里我还想再谈一谈。

中国虽然有郑和的大规模远征，但是马上采取了海禁政策，日本也实行了锁国。为什么东亚收缩，而欧洲走了出来？这正是欧洲（近代）世界体系本身的特征。其关键在于欧洲没有在系统内进行彻底的政治统合，而是形成了经济分工体制。而且，作为其"中核"的西欧，出现了主权国家并列竞争的局面。

与此相对，所谓中华体系，是指中国成为压倒性的存在，中国的统治者历代都是"皇帝"。如前所述，在概念上，皇帝是世界的统治者，是自己所认知的世界范围内的统治者。这就是印加帝国自称皇帝的原因。从这个角度考虑，近世的俄罗斯也是如此，"沙皇"应如何翻译虽然是个困难的问题，但一般都将其认为是帝国，奥斯曼王朝也同样被视为帝国。除西欧之外，世界无不是帝国式大系统。

帝国体系是由皇帝即中央进行政治统治，独占武力，所以基本上内部不会发生竞争。但是，西欧主权国家并立，没有政治上控制它的绝对权力。神圣罗马帝国本来就没什么控制力，到了近世更是迅速衰弱下来。罗马教廷可能在某种层面上具有另一种力量，但到了近世就分裂了。这样一来，主权国家就形成了并立、竞争的局面。竞争的手段就是所谓重商主义，再依托经济力量，最终进行军事竞争。其中，以武器为代表的战争技术在西欧不断发展。中国发明的火药在中国没有得到进一步发展，而是在欧洲发展了起来，也与此有关。于是，带着先进武器的欧洲人开始进入亚洲。

关于世界体系确立的过程、世界体系的特质、近代世界为什么会变成欧洲的世界这些问题，我想大致都可以通过上述内容来说明。

过去在教科书之类的书籍中都会提及文艺复兴、宗教改革以及按照当时说法的"地理大发现"这"近代之初三大事件"。但是在这三者中，研究文艺复兴和宗教改革的学者非常多，而以"地理大发现"为研究对象的历史学家以往却几乎没有，说明大家都没认识到这是一个应该严肃探讨的问题。

因此，当岩波书店打算出最初一版"世界历史讲座"时，我便接受了撰写这个问题的任务 ①。我可以简单地写出哥伦布是哪一年来到美洲的，但问题是，为什么欧洲进行了对外扩张，而亚洲没有走出这一步呢？换句话说，近代世界为什么没有成为中华世界体系和莫卧儿的世界，而是成了"欧洲的世界"呢？当时我还没有掌握回答这个问题的方法，只能解释为欧洲资本主义的发达。而要再追问为什么资本主义会如此发达，我就无法回答了。而近代世界体系论以上文所述的方式为这个问题给出了答案。

有些人非常讨厌沃勒斯坦和世界体系论，认为其过于牵强，我也并不喜欢这一理论。但是，随着世界体系论的出现，这个问题确实得到了回答。打个比方，如果有人问布罗代尔和沃勒斯坦有何不同，那区别就是布罗代尔无法回答这个问题。对于为什么会出现近代世界、近代世界为什么被欧洲所主宰等问题，能给出答案的大概也就是世界体系论了。

关西方言为何不会消失——世界体系论的逻辑

需要再次强调的是，近代世界体系一旦形成，其"核心"与"边

---

① 见《欧洲的商业往来》，《岩波讲座 世界历史 16》，1970 年。——原注

缘”之间的差距、质的差异就会不断强化。当不同性质的事物被纳入一个系统时，很少会出现完全对等的情况，支配、从属的关系会逐渐显现。一旦产生了这种关系，有利的因素就会变得越来越有利，不利的因素也会越来越不利。与此同时，质的差异也会越来越明显。确实也有认为当两个事物出现交集时，呈现为被平均化的中间状态的观点，但世界体系论是试图说明由于存在不同的力量发挥作用，反而会使二者产生差异化的理论，我认为这一点很有趣。

有时我会跟学生讨论关西方言为什么没有消失。为了与建立“国民国家”①的内在需求相对应，以东京话为基础，被称为“标准日本语”的“国语”被创造出来已经一百多年了。但是，关西方言并没有消失。今天，新干线以间隔五分钟的频率在东京和大阪之间疾驰，明明有这么频繁的人员交流，为什么关西方言却没有消失呢？在关东和关西的交流中，使用杂烩词语的人——可能是皮钦语②或是克里奥尔语③——在增加虽然也是事实，但另一方面，在交流的过程中，两者之间的差异也在强化。我想世界体系论所说的那种力量确实在发挥作用。英国也是如此，以世界体系论来解释威尔士语为什么没有消失的

---

① 即民族国家，源于英语的“nation-state”，nation 兼有国民、民族的意思，近代经由日本翻译到中国时译为“民族国家”，但当代日语中为“国民国家”。本书第三章末子目对二者进行了概念史辨析。
② 皮钦语（Pidgin）意同“洋泾浜”，词源为近代中国上海等地区将“business”以中文谐音发音为“pidgin”。日语中泛指16世纪以后，西非、东南亚、中南美及加勒比地区当地人与欧洲贸易商之间为进行跨语言沟通，用互换性的替代单词（如英语或法语）自然创造的接触语言。
③ 克里奥尔（Creole）一词原指出生于西属美洲殖民地的土生西班牙白人。克里奥尔语是皮钦语在中南美及加勒比地区使用过程中，演化出语法体系的独立语言，属于混合语。

人也大有人在。

我以前写过一本书叫《砂糖的世界史》（岩波青少年新书）。荣幸的是，有很多人读过这本书，在韩国、中国的大陆和台湾地区都有不同译本，在东亚各地似乎也都能读到。不过，在此我想抛开写过的内容，以砂糖和烟草的比较进行说明。

砂糖和烟草都是在世界市场上交易的大宗商品，其生产过程是在使用非洲人的奴隶制种植园中完成的。因此，这些生产地就被"边缘化"了。同样是在美利坚合众国，烟草以及后来的棉花种植园遍布的"南方"在经济水平上与其他地区有着明显的差距，成为国内的"边缘"地带。前几年，美国遭遇了一场大飓风，使全世界都看到了即使是在美国，其南部也有很多非常贫穷的人。同样的情况也可以在英国的威尔士和北爱尔兰等地区看到。在日本，东京和各地的差距也在不断拉大。

砂糖和烟草

但是另一方面，同样是被称为"边缘"地区，美国南部和加勒比海诸国现在却也有着巨大的差距。其原因在于本质上属于美利坚合众国的"南部"与长期处于殖民地地位的加勒比海诸国在政治历史上的差异。由于国家是对收入进行再分配的机构，因此同一国家内不同区域，生活水平会从政治角度上被一定程度拉平，这是最大的原因。进一步思考的话，有人就会提出，那为什么原为美利坚合众国一部分的弗吉尼亚、马里兰等大陆"南方"殖民地要寻求独立，而加勒比海为什么没有独立的国家等疑问。关于这些内容，已经在我的代表作之一《工业化的历史前提》（岩波书店）中进行过详细探讨。在此我只谈原理，其中的关键在于砂糖和香烟这两种商品本身存在着巨大的区别。

砂糖和烟草都是世界性的商品，在近世受到了广泛的欢迎。而且它们都是在西半球生产，然后再被运到欧洲去的。如前所述，砂糖和烟草在作为近代世界体系"边缘"生产的"世界商品"这一点上非常相似。尽管如此，二者也有着本质上的不同。

砂糖产自英属加勒比地区，烟草产自弗吉尼亚、马里兰等当时被称为美国"南方"的英属地区。由于砂糖在英国和红茶一起被食用，故此产生了庞大的需求，给种植者带来了巨大的财富。他们中的很多人把种植地委托给别人打理，自己回到英国（这种现象即"不在地化"）成为绅士，每天过着社交生活，有人甚至还进入了议会。实际上，法国在加勒比海、荷兰在爪哇等地扩大砂糖生产后，英属加勒比地区出产的砂糖便逐渐失去了国际竞争力，但在英国议会中已成为一大势力的不在地种植者们提高了外国砂糖的关税。砂糖的英国市场成了本国殖民地产砂糖的保护性市场。

相反，北美产的烟草虽然也给种植者带来了巨大的利益，但却不如砂糖，所以弗吉尼亚和马里兰的烟草种植者并没有出现不在地化的现象。因此，他们的声音并没有反映到英国议会中，独立派的口号"无代表不纳税"对他们来说具有充分的号召力。而且，英属殖民地的

生产砂糖的种植园（W. Clark, *Ten Views in Antigua*, 1823）

烟草与砂糖不同，在国际竞争力上具有绝对优势，即使脱离英国独立，也完全有可能在国际市场上生存下去。因此，如果不经过英国直接出口的话，在经济上更有利。另一方面，因为砂糖受到了英国政府的大力保护，而英国国内市场又是保护市场化的，所以很难把砂糖卖到其他国家。一般来说，砂糖的价格过于昂贵的话就会出现滞销，而欧洲大陆的市场上已经出现砂糖过剩的情况。

譬如，只要看一下荷兰东印度公司的行为就可以明白这一点。荷兰东印度公司在印度尼西亚利用荷兰式风车，雇用中国人生产砂糖，然后出口到日本等地。虽然他们也想向本国出口砂糖，但是被本国的管理层拒绝了。同一时期，砂糖也在印度大量生产，在亚洲市场以及英国以外的欧洲可以说已经有些余存。由于英国保护英属加勒比出产的砂糖，所以国内的砂糖价格相当高。英属加勒比的砂糖种植园由于缺乏国际竞争力，一旦离开英国市场就无法生存。

于是，弗吉尼亚和马里兰等北美大陆的烟草殖民地加入了独立派阵营。与之相对，加勒比海的砂糖殖民地则继续依赖英国提供的保护市场，在"低开发化"的道路上猛冲。

从某物看世界体系

简单来说，本节就是讲世界体系的作用。具体来说，根据在那里交换的东西是什么，在"边缘"生产并输送到"核心"市场的东西是什么，会产生相当大的差异。有人说沃勒斯坦的论述比较粗线条，但他的原理其实可以运用在很多更细节的地方。

通过物品来观察世界体系的作用，最直观、最确切的代表就是棉花。因此，最容易解读工业革命的便是世界体系论。

我的恩师角山荣先生有一本名著叫《茶的世界史》(中公新书)。《砂糖的世界史》曾被认为是模仿了这本书。其实我并没有仿写，书名是岩波书店的人提议的。尽管如此，角山先生的《茶的世界史》确实是一本很棒的书，但并非以世界体系论的角度来撰写的。因此，我打算用砂糖作为线索，写出世界体系的具体历史。

2008年，中公新书出版了《土豆的世界史》(伊藤卓治著)。这本书以土豆为素材描述世界史事，作为读物很有趣，是一本好书。不过，该书也是完全没有应用世界体系论。使用关于《某物的世界史》这个标题的既有从世界体系论立场书写的学者，也有举卷翻来全然不理睬世界体系论的学者。

从砂糖、茶、土豆这三个角度来看，砂糖是最符合世界体系论的，但茶在一定程度上也可以这么写，而土豆则完全无法套用世界体系论来描述。

这里最基本的问题是，商品在哪里生产，在哪里消费。由于现在交通发达，我不知道具体情况如何，但土豆是容易腐烂的东西，所以基本上在生产的地方就会被消费。分析这样的东西显然不能套用世界体系论。砂糖的主要生产地区和主要消费地区完全不同。茶现在在英国似乎已经开始试验性生产了，但过去的英国并不产茶，却对其有大量的消费，仅从这一点来看，就有很多事情可写。但是，从茶叶市场的整体来看，现在产量排在首位的是印度和中国，从消费来看，印度和中国也排在前列，只有英国例外。因此，以茶为焦点来说明广义上的世界体系，虽然不是做不到，但也有难度。而土豆是地产地销的商品，在一国的国内体系中，种土豆的农家贫穷，吃土豆的人富裕的情况是有可能的，但是广义上的论述就不能这么写了。以前，大量的土豆曾作为劳动阶层的食物进入伦敦港，但是对于专门负责装卸的搬运工来说，因为这种货物"抽成"太少而对其极度讨厌。土豆被嫌弃的另一个理由是容易腐烂。因此，只能在远方的殖民地种植园中种植，并且也算不上大量生产。

这样想来，最值得从世界体系论的角度一写的显然是咖啡。将咖啡的主要产地按照产量降序排列，分别是中南美、非洲、阿拉伯以及越南等，然而将咖啡消费国同样降序排列的话，结果却与这个名单完全不同。现在，消费比较多的是美国、西欧和日本等国家，所以咖啡的生产地和消费地很明显是不一样的。我想如果围绕上述内容，按照世界体系论的视角，写一本《咖啡的世界史》的话会非常有趣。

还有现在谈论最多的石油。发达国家虽然也在开采石油，如美国和俄罗斯都是相当大的产油国，但全世界范围内大量生产石油的都是发展水平比较低的国家，而绝大多数的消费是在发达国家。所以，通过石油也可以描画出世界体系的作用。

英国成为"帝国"的意义

还有一点需要讨论的是近代世界体系与帝国的关系。近世时期，英国变成了英帝国 ①，从 16 世纪到 19 世纪初的英国历史就是英帝国的形成过程。但也有不同的看法认为，这不但是英国成为世界体系的"核心"的过程，而且也是其与同样位于"核心"的荷兰和法国争夺成为"霸权国家"的过程。那么，对英国来说，成为近代世界体系的"霸权国家"与成为英帝国的意义是否有所不同呢？

说一点稍微偏离主题的话，以前我读到过这样一篇文章，认为

---

① 日语中有"イギリス帝国"和"大英帝国"两种表达形式，二者所指相同，但语言色彩略有不同，如下文将"大英帝国"与"大日本帝国"二词做对比的例子。本书译文将前者译为"英帝国"，后者译为"大英帝国"。

"大英帝国"这种表达就像"大日本帝国"一样言过其实，且对帝国主义毫无批判，真是岂有此理。然而，那篇文章所批判的前提是完全错误的。明治时代有"大英国"一词。虽然现在已经不这么说了，但英国的英是"英吉利"的英，指的是英格兰。而英格兰和威尔士、苏格兰合在一起组成了不列颠，或者说凯尔特·不列颠，这也是在日本不称其为"英吉利"而称"英国"的原因。所以在当时没有特别对"不列颠"与"英格兰"进行区分的日语中，使用了"大英国"的译法。由于英帝国的英文原词是"The British Empire"，所以"大英帝国"绝对不是大日本帝国那种错误的事大思想的产物。

这个话题暂且到此为止，让我们回到帝国与世界体系的关系上来。毋庸置疑，与帝国相比，世界体系在观念上更为广阔。在这种情况下，最大的问题是拉丁美洲。拉丁美洲不是英国的领地。虽然基本上没有成为英国的领地，但是到了19世纪，该地区却与英国形成了非常紧密的经济关系。对于这种现象，J.加拉赫和R.罗宾逊两位经济史研究学者勉为其难地创造了"自由贸易帝国主义"和"非正式帝国主义"两种概念进行说明。这类解释虽然在逻辑上并不那么清晰，但因为便于使用而被广泛接受。对英国来说，世界体系和帝国的不同，就在于"自由贸易帝国主义"的殖民地和"帝国"的殖民地之间的区别。

英国在近代世界体系这一巨大的分工体制中处于核心位置，因此成为了一个强大的国家。也就是说，英国不需要附带政治统治的帝国殖民地。尽管如此，英国仍然维持并扩大了帝国的统治范围。那么帝国又有什么意义呢?

帝国的存在无法仅用经济上的利害来解释,更多的在于其威望 (prestige),即权威因素。过去,经济学家 J.A. 熊彼特在谈到帝国主义时,特别重视这一点。的确,大英帝国消失后有一些英国人失去了活力。不过,关于这方面我们还需慎重考察。

在经济史上,关于英国统治印度对其经济来说影响是正面还是负面,有一场被称为"帝国经费论争"的讨论。虽然我之前讲过英国的经济是因为在加勒比海拥有了殖民地才得到了发展,但也有意见认为,维持加勒比海殖民地对英国来说是一种经济损失。

使用虚构设定的经济史

能够针对上述讨论给出比较容易理解的解释的,是持计量经济史学(cliometrics)立场的学者。美国有一位经济史研究者叫 R.W. 福格尔(Robert William Fogel)。福格尔通过设定与事实相反的假设来计算结果的方法,试图测定黑人奴隶制度在历史上的意义。此后,也有人用这种方法分析克伦威尔航海法的意义,以及英国拥有加勒比海殖民地的意义。这种基于反事实的假设性经济史也被称为"新经济史"(New Economic History)。

在我的学生时代,就有人告诫我说,历史学家不能设定违背事实的假设。历史学家不能说"如果",不能有反事实的假设。有人想说"如果没有列宁,俄国革命会怎样",但实际上列宁是客观存在的,所以不能进行这样的设问。E.H. 卡尔（Edward Hallett Carr）的名著《历史是什么》（岩波新书）中也说过同样的内容。做出如果没有列宁之类假设的，也就是历史学中的"留恋学派"，不过是一些认为要是没有俄国革命就好了的人的梦呓。

但是，福格尔推翻了这一切，他设定了若干"假设没有某某"的反事实假设，并在此基础上进行经济计算。例如以"如果没有奴隶制度，美国南部的经济会怎样；如果没有铁路，美国经济会怎样"为前提展开测算。如果没有铁路，货物要用马车运送，运费会非常高。如果运费上升，沉重的和大体积的商品价格也会上涨，但是运货马车业者的收入会增加。由此又会对其他商品的价格、其他人的收入产生怎样的影响等相关问题，福格尔也进行了详细的计算。这就是福格尔派的经济史学，我觉得这个研究方法很有意思。不过，虽然有趣，但由于这种计算是基于学者在个人脑海中主观建立的模型之上的，所以在某些地方会偏离现实。我想这和谈论如果阪神老虎队夺冠①会带来多大的经济效益是一样的。因为有很多被假定的要素，所以虽然大家都认为这样的计算基本不准，但还是觉得很有趣。

运用福格尔派的研究方法，理论上可以对历史上的各种政策进行重新评价。例如，拥有以牙买加为中心的加勒比海殖民地，对英国来说经济效益究竟有多大？另外，按照一般说法，英国在北美洲的殖

---

① 日本著名职业棒球队，自 1985 年以后曾陷入连续十几年的冠军荒，该队何时能再次夺冠一度成为阪神地区的常年话题。

民地强制实行的《航海条例》是加在殖民地身上的"绊脚石",并成为北美独立运动的诱因,但实际上《航海条例》造成了北美十三个殖民地的人均收入多大程度的下降,等等。然而,即使是按照福格尔的方法,也无法得出明确结论。因为根据前提条件的不同,结论会完全不同。

例如,为了维持加勒比海的殖民地,英国在美洲大陆派驻了海军,以便在关键时刻派其前往加勒比海,但其成本是否应该计算在内便是一个问题。毕竟要想连军队的必要维持规模都从经济上计算出来是不太可能的。

关于帝国的经费之争等问题也多是从财政史的立场,即单纯的收支计算角度来处理的,但我认为这样的计算并不能解决问题。

保留殖民地的社会意义

相比之下,如果从常规的也就是更广阔的历史视角来着眼的话,英帝国的殖民地对英国来说具有巨大的社会性意义。简单地说,在英国国内,像前文提到的鲁滨孙·克鲁索一样无法满足其社会上升野心的人,或者无法在英国本土创业的人,是有可能在帝国的殖民地找到解决方案的。换言之可以利用帝国来解决脱离本国社会体系的人。任何社会都必定会出现作为社会福利政策照顾的对象或刑罚对象的人。不论资本主义也好,社会主义也好,抑或其他体制也好,一旦形成一个体系,就会有与这个体系相匹配或不适应的人出现,近世以后的英国在最大程度上利用帝国殖民地来解决这个问题。

在英国的近世，应该说伴随前文所提的"成长偏执"的同时也发生了"救济偏执"的趋势。与其他国家相比，如何帮助那些无法独力生存的人，从那个时代到撒切尔改革的时代，在英国都是非常重要的问题。

其原因如前所述，是与英国的"核心家庭"社会有关。"核心家庭"没有烦心事，这在包括日本在内的近代社会是理所当然的，但也有"核心家庭的苛酷"这个说法，仅仅因为孩子发烧，父母就不能上班，因此"核心家庭"也包含着脆弱的一面。近世英国年轻人结婚后，因为不和父母住在一起，所以老父母的家庭和新家庭都成了核心家庭，但是老父母的家庭作为"空巢"要充当监护人的第一候补，毕竟新家庭也很容易产生孤儿寡母。

但是，我认为这个问题因为拥有帝国殖民地而得到了相当程度的缓解。英国社会把经济上无法生存的人以及虽然没有经济问题但生存困难的人推到帝国殖民地去的做法具有非常重要的意义。

英国于近世建立帝国后就以非常明确的形态呈现出了这种倾向，并一直持续到现在。如果观察英国的刑罚形式，会发现和其他的欧洲国家完全不同。最大的区别在于，英国几乎没有把人关进监狱的刑法。不是把他们关进监狱，而是让他们去美洲殖民地。越是身强体壮的罪犯，到了美洲就越能成为宝贵的劳动力。孤儿或者父母贫穷无力抚养的孩子，也会以这种形式流落到美洲。美国独立后，澳大利亚又成为流放殖民地。在南非，也有很多从英国的孤儿院和其他机构被送来的人①。

因此，对于英国来说，帝国殖民地的社会史意义非常重大。帝国之外的拉丁美洲则在贸易方面成为了对英国非常有利的交易对象。不过，由于语言问题和生活习惯的不同，英国人不会移民到拉丁美洲。

作为绅士统治安全阀的殖民地

英国建立帝国的另一个社会史意义在于，殖民地为野心勃勃的年轻人和希望遏止没落的上流阶层提供了方便的踏板。在英国，由贵族和传统绅士（gentry）组成的"绅士阶层"统治其他人，是从近世以来——也有说是从1066年的诺曼征服以来——就固定下来的传统。"绅士阶层"最多只占人口的百分之五，其中大部分是身份上属于平民（commons）的传统绅士。

法国虽然在中世纪时期形成了贵族统治第三等级以下身份的人的社会结构，但后来革命等历史因素使贵族阶级退出了历史舞台。同样，欧洲保有贵族的国家现在已经变得非常少了。但是在英国，那种贵族不经选举全部都是贵族院议员的古老体制至今仍然存在，可以说绅士统治的基础一直没有崩溃。那么，法国等国的贵族统治为什么会崩溃呢？这也是我从学生时代便开始研究的课题。由贵族统治第三等级以

① 关于这方面的问题，请参考川北稔：《民众的大英帝国》，岩波现代文库，2008年。——原注

下的人，其中的问题在于身份制度。因为，即使第三等级身份的人成为大富翁，这是有可能出现的例外情况，但这样的人也绝不可能成为贵族。相反，由于贵族的结构非常坚固，无论多么贫穷，贵族都还是贵族。于是，推翻整个社会的能量积蓄到了资产阶级（bourgeoisie），也就是第三等级的市民阶层中。

另一方面，在英国，大部分绅士都是原本被称为传统绅士的平民，所以即使不是绅士阶层的人，只要努力再加上一定的运气的话，也能跻身其中。这就是英国的绅士被称为"开放的精英"的原因。正因为它具有如此柔软的结构，所以反而不会积蓄破坏结构本身的能量。想要成为绅士的人虽然层出不穷，但很难出现想要打破绅士统治的人。

由于大部分绅士都出身于传统绅士，也就是平民，因此，和法国贵族不同，绅士失去了财产就不再是绅士。当他们面临阶层下滑的危险时就会选择与富裕的贸易商联姻，或者前往殖民地。政府对于前者，也就是地主与绅士的婚姻设有专门政策①。而作为官僚到殖民地去也有很大意义，特别是当绅士家庭没落，次子和三子不知该如何是好时，就可以充分利用殖民地的存在。此外，有成为绅士野心的年轻人也会利用殖民地。在前面提到的笛福创作的故事中，大部分对殖民地的描写都是这样的形式。

---

① 关于这个问题，可参照川北稔：《地主统治体制的确立与绅士》，村冈健次、铃木利章、川北稔编：《绅士——其周边与英国近代》，密涅瓦书房，1987年。——原注

绅士统治的稳定装置

在殖民地官僚中，印度官僚是最为有名的。印度官僚制度容纳的人数比英国国内的公务员要多，形成了一个坚固的体系。此外，殖民地也需要律师、医生等大量绅士职业，这是维持本国绅士制度稳定极为有力的措施。在大学里，至少到第二次世界大战结束前，毕业于英国大学的学者经常到印度或澳大利亚的大学任教，但几乎没有相反的情况。大学老师多少也会被当作绅士来看待。由此可见，英国的绅士阶层家庭是能够利用殖民地的职位的。

虽然学界对殖民地的官僚体制已经进行了相当多的研究，但实际上从社会史角度对以大学制度为代表的其他领域进行研究也是非常必要的。比如，印度的近代医疗体系是如何建立的？印度的近代医学又是如何形成的？通过这些问题，想必也能窥见英国绅士统治的实况。

由此可见，作为稳定绅士统治的装置，英国殖民地体制具有重大意义。另一方面，正如前文所述，对于庶民来说，这里也是他们最终的生存之地，是他们可以从中获得希望的地方，因此同样具有重大的意义。而世界体系的"边缘"乃至所谓非正式帝国则不太具备这种作用。作为主要非正式帝国的拉丁美洲，对英国人来说虽然是有利的贸易对象，但在这样一个西班牙语和葡萄牙语通行的世界里，能够对到此移民的绅士家庭起到保护作用的事物非常有限。

帝国统治的遗产——英语的经济价值

对于英国人来说，殖民地所具有的经济和社会意义还有很多。例如，文化在经济上的意义。英语只是世界上众多语言中的一种。但是，由于英国建立了统治世界的大英帝国，英语在世界上相当大的范围内被广泛使用，其影响作为遗产留存至今。当我们谈论英帝国的时候，我们通常会将政治性统治作为一个问题，即使英国对殖民地的政治统治已经结束，进入到所谓后殖民的时代，但实际上经济上的统治和从属关系至今仍然存在。

与此同时，文化上的帝国统治结构在政治上的和经济上的帝国统治都消失之后也仍然存在。我在电视上看到过关于南非的新闻报道，里面讲到过去因为种族隔离政策，黑人被圈居的地方，现在仍然是犯罪高发地。即便如此，那些被压抑在极低生活水平的人们，即使带着浓重的口音，说的也是英语。为什么一定要用英语呢？"国语"可以说是国民国家的一个构成要素，但是在南非，即使独立了，废除了种族隔离制度，英语作为大英帝国的遗产地位仍然稳固。

在印度次大陆的历史上有很多国家，但印度作为一个国家原本是不存在的。印度尼西亚也是如此，本没有印度尼西亚这个国家。没有印度人，也没有印度尼西亚人。日本人也是如此。但是，在近代世界体系的框架中，其核心组成要素是国民国家、主权国家。面对这种国际关系架构，存在很多国家和语言的印度地区是无法与之对抗的，所以必须创造出"印度国民"。当然毋庸多言，一切都是从欧洲开始的。在法国大革命的时候，不但英国人和法国人说自己是各自国家的"国民"，连处于分崩离析状态的德意志地区和意大利半岛的人们也认为，如果不标榜自己是"国民"，就无法与外部抗衡。由此，国民主义在19世纪的欧洲开始蔓延开来。

日本的教科书将19世纪上半叶在欧洲兴起的"nationalism"一词以"国民主义"来翻译。与此相对，同一世纪末，在亚洲和非洲各国兴起的"nationalism"却被翻译为"民族主义"。

两者的英语原文是同一个词，这样有所区分的翻译既有易于理解的一面，但也有因此而出现语义遮蔽的一面。作为在近代世界体系中生存的手段这一点上，两者是一脉相承的，但分译之下便看不到这层关系了。按年代来说，虽然晚了一个世纪左右，但是和过去东欧和意大利建立国民国家（民族国家）一样的步骤，在20世纪中期，亚洲和非洲各国的人民也开始提出类似我们是"印度人"或"印度尼西亚人"的主张，试图建立"国民国家"，否则在近代世界体系中就会处于不利地位。

在印度，即使是现在，如果不用英语还是很难顺畅地进行交流。其实南非也有很多种语言，但被最广泛使用的却还是英语。虽然我现在对印度尼西亚使用荷兰语的情况还不太了解，但一般来说，即使在政治上和经济上的统治消失之后，英语这样的文化遗产也会有很多留存，这同样具有经济上的意义。

例如，日本人是说日语长大的，但最近似乎从小学开始就教英语了。迄今为止，我们从中学到大学，一直都在接受连续不断的英语教育。虽然没有人做过经济上的计算，但日本在英语教育上所花费的社会成本是巨大的。对于在英国或美国出生的人，则完全不需要这一笔开销。如果用英语写一本书，市场是世界性的，但如果用日语来写，市场是有限的。所以学术论文也必须是用英语撰写的。在这种情况下，英语国家出生的人占有绝对优势，虽然我们会觉得不太舒服，但这就是现实。这是英国和美国接连掌握近代世界体系霸权的结果。

如果是在英帝国的框架内，就更加不用多说了。在近代世界体系中，由于英国和美国持续成为霸权国家，英语的使用正在整个世界体系中扩展，而在英帝国的范围内，英语更是几乎成了母语。政治性场合的公开发言必须用英语，这在加勒比海和其他地方都是一样的。每个地区都在使用当地独特的方言式英语——洋泾浜和混合语。很多人认为允许大量使用这类方言是英语的特征，但我认为并非如此，这其实是英国成为囊括了各种地方语言的大英帝国的结果。因为英帝国如果不认可方言，就无法对各地进行有效统治。正因如此，作为帝国遗产的英语才显得如此强势。

在我年轻的时候，学习英语只有灵格风唱片①的磁带。在灵格风唱片的英语教材中，英式英语的销量超过美式英语的销量，这在我读

---

① 即灵格风（Linguaphone）公司推出的外语学习专用黑胶唱片，曾是全球外语学习者通用的有声教材。

研究生的时候成为了话题。我认为虽然正在发生微妙的重心转换，但英语作为"世界语言"——本来"世界语"应该是"通用语"（Lingua Franca，原意为法兰克人的语言），现在的局面颇为讽刺——为整个英语圈，特别是英国、美国出生的人带来了惊人的经济优势。

第四章

世界最初的工业化

——为什么发生在英国？

从需求看工业革命

关于工业革命的内容以往已经被探讨得非常充分，这里很难光用几句话概括所有的话题。

我原本是从工业革命的前史开始研究的。在思考工业革命时，我预设了两个要点。第一个要点体现了我对经济史整体看法的特征，即从消费和需求的角度入手进行观察。工业革命往往被认为是生产的革命，但生产在没有需求的情况下是不会展开的。这种观点在很早以前就曾被一位名为伊丽莎白·沃特曼·吉尔普伊（Elizabeth Waterman Gilboy）的女研究者提出过，不过在那之后，直到近些年都没有得到充分的讨论。

另一个要点，就是从世界体系论的角度进行观察。

比如，曼彻斯特的工厂生产白色棉织品。如果只从生产的角度来看，讨论也就到此为止，但如果不说清棉花到底在哪种植，以及在制作棉织品时棉花是从哪里来的话，讨论其实并未结束。把这些因素一个一个地考虑进去，勾勒出棉花的生命周期，顿时便成为上升到全球高度的话题了。这样的话即使在英国，话题也可以不限于曼彻斯特和伯明翰等工业城市了。我认为，如果这样去看问题，讨论必然会在世界体系论范式下展开。

这样一来，从需求的角度看问题和从世界体系论的角度看问题，虽然好像是两种观点，但也存在相通之处。

需求的问题，即棉织品为什么受欢迎，这必然是社会生活文化的问题。我们在前面已经谈过城市与社会生活文化变迁的相关话题，而工业革命的展开也与此有关。我认为，如果社会生活文化没有发生重大变化，工业革命就不会发生。

曾有人指出，以英国为代表的整个欧洲原本是毛纺织品的世界，但工业革命却是从棉纺织业起步的。我们有必要把这个悖论储存在脑海中，先来探究一下传统的毛纺织业为什么没有获得爆发性的发展。

在近世毛纺织业起步的时期，大概是由于运输成本的问题，英国人并没有在"殖民地"养羊的想法。因此，基本上必须在英国国内确保作为原料的羊毛供给。尽管理论上也可以从其他欧洲国家采购，但实际上因为要和这些国家竞争，所以很难从他国获取原料，所以英国不得不在国内养羊。但是，羊毛的增产与粮食生产产生了矛盾，所以在达到一定水平后就没能进一步实现大幅提升。实际上，在16世纪下半叶伊丽莎白一世执政时期，由于谷物价格急剧上涨，造成实际工资下降，最早的《济贫法》也是在那种束手无策的局面下出台的。

与此相对，棉织品的原料可以在海外通过世界体系获得。由于能在加勒比海、印度，后来还有埃及、北美南部等地获取棉花，棉花产业得到了戏剧性的发展。这是棉纺织业发展的前提条件。但是，仅凭这一点还不能回答为什么人们变得钟爱棉花。

由于棉织品绝大多数是由东印度公司进口销售的，以 17 世纪和 18 世纪为界，东印度公司也发生了巨大的变革。

战后的日本历史学界普遍认为，变革之前的东印度公司是早期商业资本的代表。一直以来，人们都认为从国王那里得到特许状、拥有特权的东印度公司是个"坏蛋"，而在地方上悄悄经营毛纺织品的工场手工业主（manufacturer）是"好人"，近代社会正是这些"好人"开创的，但事实完全不是这样。如果这个观点是正确的，那么棉纺织业就必是自然而然地从毛纺织业中脱颖而出的。但是，这种事情是不可能发生的。

实际上，东印度公司有意地进口了大量棉织品。英国的东印度公司为了进入印度尼西亚的香料群岛，曾试图与荷兰和葡萄牙进行对抗，但没有成功。最有名的就是发生在 17 世纪初的"安博伊纳事件"[①]。英国在这个事件中被荷兰打败，没能进入印度尼西亚水域，于是在印度落脚。印度虽然有胡椒等商品，但是买不到香料。另一方面，当时的印度是世界上最大的棉织品产地，向亚洲各地出口。他们便买入棉花运回英国，与从中国进口的茶叶一起，成为英国东印度公司海外贸易的中心业务。

---

① 即安汶惨案。1623 年初，荷兰驻安汶岛总督逮捕并处决了岛上的 10 名英国商人，此后还没收了英国人设在安汶岛的工厂，将英国势力彻底逐出印度尼西亚地区。

棉布具有重量轻、比毛织物便宜、能染鲜艳的颜色、能印上丰富的图案等商品特征。相对于不能着鲜艳的颜色的毛织品，棉织品甚至可以视情况印上文字。而最具决定性的因素则是棉织品可以洗涤。实际上，由于棉织品的普及，英国人的生活迅速变得干净卫生，这也关系到平均寿命的延长。

善于市场营销的东印度公司

不管怎么说，进口的棉织品大受欢迎之后，便与传统的纺织品行业产生了矛盾。战后的历史学家虽然认为这是早期的商业资本和（承载近代化的）工业资本之间的对立，但我认为从更长远的角度来看，这一观点可能并不正确。

的确，东印度公司进口棉织品的活动与一直以来主导英国经济界的毛纺织业界之间产生了激烈的对立。在毛纺织业界的压力下，英国展开了禁止使用当时被称为印花布的棉花制品的运动，并于1700年颁布了禁止印花布进口的法律。二十年后，又出台了禁止使用印花布的法律，对其穷追猛打。不过，虽然法律上规定不能使用印花布，但实际上印花布还是被以各种形式越来越多地消费了起来。最大的原因在于很难对棉花制品进行严格的定义，比如棉纱占比多少才能称为棉布。因此，禁止法实际上并没有有效运作，棉花也一直在被进口和使用。

东印度公司非常擅长做生意和搞营销。茶也好，棉花也好，最初都是先向王室销售。王室的行为会被贵族追随，贵族的行为也会让同为绅士阶层的传统绅士亦步亦趋地跟风。只要绅士们穿上了棉织品，今后想成为绅士以及自称绅士的人们就会模仿，棉织品便以这样的形式在全国扩散开来。我在前文中已经分析过，这是英国特有的模式。由于此时已经没有《禁奢法》，所以棉织品得以迅速扩散。

此后，东印度公司便在印度按照预计英国国内可能流行的花纹和图案大量生产棉布，与现在服装产业的流程几无二致。这是一种先进行前期营销，再进行近代化生产的做法，但从战后历史学的立场来看，市场营销和生产活动两者是对立的，其中一方是反动的，另一方可能就是进步的。但是，生产出来的商品必须卖出去，如果把营销和生产活动作为一个整体来考虑的话，东印度公司的营销可以说是非常高明的。

就这样，英国国内棉花的消费急剧增加，即使禁止也失去了意义。1774年，禁止印花布的两项法律被废止，棉花终于可以被堂堂正正地使用了。于是，此前大量进口的印花布开始在国内生产，英国国内的棉织品工业便这样戏剧性地发展了起来。一般认为阿克莱特水力纺纱机正式投入使用是在1774年或1775年。不过，阿克莱特的水力纺纱机专利在1785年被宣告无效。虽然阿克莱特声称水力纺纱机是自己发明的，但由于被人控告剽窃，这项专利也被取消，这反而推动了水力纺纱机的普及。从这一时期开始，棉纺织业出现了戏剧性的逆转。

这些技术上的问题固然重要，但整体而言，这样从印度进口原材料后在英国国内进行工业加工，实际上是一种将进口产品国产化的形式，这一点很重要。这说明通常被认为是后发国家工业化特征的"进口替代"，其实在"最早的工业化"的过程中便已存在。这也说明英国工业革命的前提是英国人生活的亚洲化。

也就是说，在工业革命开始前，亚洲的商品就填满了欧洲。这么说虽然有些夸张，但亚洲的商品确实已经大量进入了欧洲。我认为，这与明治以后日本人的生活逐渐西化有着相似的倾向，在这个前提下，工业革命才会发生。

作为进口替代过程的工业革命

工业革命前后，英国经济的发展在其他方面也具有进口替代的性质。例如，在早期英国产业中占有比较重要地位的韦奇伍德（Wedgwood）陶瓷。

斯塔福德这个位于英国中部偏西的郡，至今仍是韦奇伍德的中心。再往西的伍斯特郡也以皇家伍斯特瓷器而闻名于世。这一带虽然是英国陶瓷业的中心，但韦奇伍德的陶瓷却完全是以模仿亚洲陶瓷起步的。也就是说，包括陶瓷业在内，能否在欧洲实现亚洲商品的国产化，是工业革命的前提。因为欧洲人对亚洲商品的憧憬和需求，首先带来了市场的扩大。

不仅是轻工业，制铁业也是如此。铁制品是在 16 世纪才在英国广泛普及的。美国经济史学家约翰·奈夫（John Ulric Nef）曾经主张，

16世纪就已经出现了某种工业革命，这在日本被翻译为"早期（初期）工业革命"。

在英国历史上，被称为工业革命的事件其实有很多。诸如中世纪工业革命、第二次工业革命、第三次工业革命等，"早期工业革命"是其中之一，也是比较广为人知的。"早期工业革命"的核心标志是铁制品的广泛使用。

随着铁制品的使用量变大，铁制品的生产活动也在增加。但当时的制铁工艺以木炭为燃料，因此需要超乎想象的大量木炭。据说就是由于当时砍伐了大片森林，英国的山才变成了现在这样。现在的英格兰几乎没有森林和树林，在英国去叫做某某森林或某某伍德（wood）的地方，也看不到什么树林，有的只是灌木（矮树）丛。现在这种植被状态，可以说就是"早期工业革命"的结果。

在现代环境学中，热带雨林等森林的消失被称为"毁林"（deforestation），但这个词原本是为了表示16世纪英国砍伐森林现象而创造的。

17世纪相对于16世纪的变化在于，随着燃料消耗殆尽，铁产量也在逐渐减少。虽然根据一些经济史著作的记载，当时英国已经不再炼铁，但是根据比较晚近的研究，生铁的消费量在那之后一直处于上升趋势。没有英国铁，便由瑞典、俄国等国的生铁填补市场需求。虽然瑞典的生铁质量高，俄罗斯的生铁质量差，但都被大量进口到英国。

由于生铁的消费量是不断增加的，在这个持续扩大的市场中，进口占据了绝对优势，这样一来又推动了国产化趋势的出现。当然，这还要归功于 18 世纪初亚伯拉罕·达比发明的焦炭炼铁法。焦炭炼铁法的成功使燃料的瓶颈随之消失，推进了国产化的进程。这就是工业革命的制铁业。当然，这并不是说 16 世纪开始使用的铁制品在那之后就不被使用了。在此期间，市场依然是在不断扩大的。

埃里克·威廉姆斯的论题

从工业革命是用国内产品取代进口产品的过程来看，可以得出一个结论，那就是工业革命得以实现的基础是人们形成了大量使用铁制品、棉织品及亚洲特有的瓷器的生活方式。这种生活方式的形成包含着消费需求，也就是说生活方式的变化是先行发生的。我认为，以这一变化为前提，生产领域的革命才得以实现。

当然，棉织品的原材料是无法通过欧洲获得的，必须从欧洲以外的世界确保供应。不过，除了印度以外，英国大部分原棉都是使用黑人奴隶栽种的。所以不可否认，不以奴隶贸易为前提的话，棉纺织产业就无法展开。而传统的工业革命论却忽略了这一点，始终围绕着英国的科学技术有了怎样的发展、搞出了什么发明、英国人有多么勤勉之类的话题。

正是奴隶贸易的发展催生了英国的工业革命，这个观点是埃里克·威廉姆斯在《资本主义与奴隶制》中一再强调的。他是第二次世界大战后特立尼达和多巴哥独立运动的领袖，并在独立后长期担任总理职务。

说一点离题的内容，我在大阪大学工作的时候，有一位美国佛罗里达的女性曾经给我来过一封信，信的内容大致是想找以前在阪大一个叫川北的人，如果他还健在的话请我联系他，如果他死了的话请联系他的遗属。寄信人的署名是艾丽卡·康奈尔。艾丽卡是埃里克的女式写法，也就是说她是埃里克·威廉姆斯的长女，结婚后住在佛罗里达。她正在收集父亲写的东西，向联合国教科文组织进行申报，听说我以前和威廉姆斯有过书信往来，就想要获取我手上的文字资料。据说她整理的那个"威廉姆斯系列展"（Williams's collection）现在已经是世界遗产了。说起世界遗产，在日本既有白神山地这样的自然遗产，也有众所周知的姬路城等文化遗产。其实还有一种名为"世界记忆"的历史史料类世界遗产，只是因为没有任何日本史料入选其中，所以几乎不为日本人所知，但是中国和韩国的史料是有入选的，而加勒比海地区入选的史料则相当多。据我所知，当时的美国国务卿鲍威尔曾为"威廉姆斯系列"的入选出力不少。

威廉姆斯是生于特立尼达和多巴哥的黑人。他是邮递员的儿子，因为成绩非常好，周围的人凑钱送他去牛津大学留学。他以第一名的成绩从牛津毕业，专业是古典学和希腊·拉丁语，但当时没有白人愿意向黑人学习西方古典文化，所以他也曾到日本求职，但无论如何也找不到工作。

在这个过程中，他开始认识到自己是加勒比海黑人奴隶的后代，去研究希腊哲学等白人的精神起源是很奇怪的，于是他的研究方向发生了重大改变，转而研究加勒比海的历史。与此同时，他组建了名为"人民国家运动"的政党，开始领导特立尼达和多巴哥的独立运动。

在我年轻的时候，英国学界一般都不知道威廉姆斯，但现在，没有一本关于工业革命的书能绕开威廉姆斯论题。这方面的巨大变化是我在近半个世纪的研究生涯中切实感受到的。在日本，如果我说"我对加勒比海很感兴趣"的话，以前是找不到讨论对象的，但现在日本西洋史学会已经开始召开加勒比海问题研讨会了。我为自己在研究西洋史过程中最早涉足了这个当时无人介入的领域，真心感到高兴。

言归正传，威廉姆斯论题是以奴隶贸易为基础的。关于奴隶贸易的利润到底有多少，众说纷纭，有许多尚未明确的地方。但可以肯定的是，在非常顺利的情况下，奴隶贸易可以获得百分之数百的利润。虽然船只失事或奴隶起义时有发生，也有奴隶贸易公司因此破产。但是，从整体来看，奴隶贸易确实存在着可观的利润。

必须永远放在最突出位置强调的是，被奴役的人的命运是非常悲惨的。但非洲本身也在奴隶贸易中受到了深远的影响。在奴隶贸易的过程中，非洲西海岸的黑人国家通过与欧洲国家的贸易，从欧洲人那里得到火枪，然后去内陆地区抓获奴隶。很多人笼统地认为非洲是被剥削的，但我认为发展出奴隶输出这一产业才是更加扭曲的严重问题。

在此基础上，如果说奴隶制和奴隶贸易是工业革命的前提，这一点在作为原料的棉花方面可以说体现得淋漓尽致。英国最早使用的棉花是一种产自加勒比海地区，被称为海岛棉的棉花。虽然与后来使用的棉花品种不同，但说棉花贸易始于加勒比应该是没有问题的。当英国商人从加勒比海出发，进入利物浦港，再从利物浦出发航行至非洲后，发现非洲西海岸的人们最喜欢的商品就是棉织品。火枪当然也是大受欢迎的。但当时在非洲西海岸的贝宁王国等气候炎热的地区，不管英国多么盛产毛织品，这个产品也并不讨喜。于是，他们不得不将棉织品作为重要商品进行输出。由此形成了把棉花运进利物浦，再把棉织品从利物浦运出的模式，而位于利物浦港腹地的曼彻斯特的棉纺织业也得到了巨大的发展。上述理论在逻辑上也很容易理解。

工业革命的资金来源

另一方面，从资本的观点来看，刚才谈到的奴隶贸易能有多少利润呢？而且，奴隶贸易的利润是否真的转化成了工业革命的资金来源？关于这一点，恐怕还存在争议。

如果有奴隶贸易业者开始经营棉织业的例子，就能简单地证明这一点，但目前这种例子几乎没有。可以笼统地说利物浦、曼彻斯特等兰开夏地区轻而易举地积累了大量财富，但我认为这并不能直接说明他们为棉织业提供了融资。

这样一来，就留下了一个问题，那就是开启工业革命的资本是从哪里来的？在马克思主义全盛时期，经济的发展被认为是资本主义生产关系的发展。而且，资本在很大程度上是被拟人化的。也就是说，资本的起源问题被替换成了资本家的出身问题。我认为，还是回到资金问题上会更容易理解一些。

工业革命的资金真的来自奴隶贸易吗？还是如人们所说的那样，是由纺织工业逐步发展累积而来的？从结论来看，不论毛纺织业还是奴隶贸易，都无法证明其是工业革命资金的直接来源。还有一种不太可能的猜想，那就是资金来自伦敦城。但由于伦敦城的金融业务主要面向海外，所以伦敦城的大银行不大可能向"想在曼彻斯特发展棉纺织业"的人提供资金。有些学者认为兰开夏地区的银行与城市的大银行存在关联，打算从资金往来方面找到证据，但也没有提出有力的证明。

那么，工业革命的资金到底从何而来呢？

我年轻的时候，有一位和我年龄相仿的学者，名叫 S. 夏皮罗（S. Shapiro）。他以《英国国民人名辞典》（DNB）为基本资料，调查了书中记载的棉纺织业创始人的背景。他主要按照从"A"开始的顺序确认了这些人的父亲从事的职业及其创业资金的来源，当进行到"H"时，他去世了。他最后的结论是，毛纺织业者中没有一个人转为棉纺织业者。虽然不能断言绝对没有从毛纺织业转到棉纺织业的案例，但我想基本上也是八九不离十了。

坂卷清先生写于 2009 年的《英国毛纺织业的发展——迈向工业革命之路》（日本经济评社）是一部力作，在涉及毛纺织业的几章之后，还考察了兰开夏郡的棉纺织业。虽然仔细阅读的话，能够发现其中一些具体的联系，但作者显然没有特别强调二者之间连续性的打算。对这类问题来说，宏观的判断很重要，借用费舍尔教授过去在某篇论文中使用的比喻，就像"不能因为一只燕子飞过来，就说夏天到了"，即使拼命找出一两个例子，也无法展开讨论，这也是回答这个问题最辛苦的地方。

另一方面，因为集中了奴隶贸易的资金，利物浦出现了很多富有的商人。但是，这些人是否对棉纺织业进行过直接融资，目前还不清楚。或许在某种程度上有过，但当下还缺乏确凿的证据。

不支持制造业的伦敦城——英国经济结构的双重性

正如前文所述，应该不存在城市资金直接流入棉纺织业的情况。英国的制造业和金融领域泾渭分明。伦敦城是金融的世界，正如那里一直以来被称为绅士的世界一样，从事制造业与成为一个绅士是矛盾的。也就是说，按照英国的传统，一旦从事制造业，便不再是绅士了。所以，牛津大学和剑桥大学毕业的人中有许多都进入了伦敦城的证券公司和银行，但并没人进入制造业。

那么，工业革命的资本究竟是从哪里来的呢？目前我的结论是，在工业革命初期，特别是棉纺织业等领域，不存在所谓的资金问题。

依托合伙人制筹集的创业资金

有些棉纺织工场从外观看很漂亮，但大多是用砖砌成，屋顶是铺瓦的。英国没有地震，也没有台风，砖墙里连钢筋都没有。因为是没什么自然灾害的国家，所以建筑都非常简单。据说如果安了窗户，机器就会被偷，所以他们也尽量不安装窗户。

如果在日本建造这样的建筑，首先必须购买土地，而英国一般没有购买土地的习惯。地主绅士拥有广阔的土地，他们会将土地出租。由于是以租赁土地为原则，所以即便需要租金，与购买土地相比还是很便宜的。在英国，用"年购"这个词来表示地价。地租的金额是固定的，例如，如果连续收取地租十年后回本的话，被称为"十年购"。在工业革命时期，土地价格接近"二十年购"，所以每年的地租只要收购价的二十分之一就可以了，价格并不高。

实际上，棉纺织业是由发明了机器的人和通过其他工作积累了一些资金的人聚在一起开展事业的，这种做法被称为"合伙人制"，当时无法成立股份公司。1720 年发生"南海泡沫事件"之后，英国政府颁布了禁止泡沫公司的法律。今天大家熟知的"泡沫"（bubble）这个词，就是在这个时候出现的。因为这次股票严重暴跌事件，新的股份公司被禁止成立。虽然有东印度公司和英格兰银行等例外的存在，但棉纺织业并没有采用通过股票募集资金的方法。因此，掌握技术的人和稍微有点钱的人聚在一起开始创业时，一般是合伙人关系。

后来出现了贩卖蒸汽机的博尔顿-瓦特商会。博尔顿（Matthew Boulton）是一个实业家，持有一定资金。同时，瓦特（James Watt）掌握技术。这两个人成为了合伙人制的开创者。

实际上，刚开始的时候他们并没有花费多少资金。虽说使用机器生产，但当时的机器基本上都是木制的，大多由木匠和细木工，或是发明者自己制作，与后来要配备的巨大设备不同。

当然，在那之后，虽然设备逐渐变大，但他们采取了将获得的利润一点点返还产业的被称为"再投资"（plow back）的方式，也就是对自有资金的规模进行了渐进扩充。由于采用了这种方式，所以棉纺织品工业发展的初始阶段并不需要巨额资金。虽然有些人质疑这个例子是否可以代表一般情况，但我认为基本上就是这样。

社会间接资本问题

当然，这并不是说工业革命不需要资金。看看其他国家工业化的例子就知道，一个国家要实现工业化，需要巨额的资金。像上文所说的那样建一座工场可能用不了多少成本，但一个国家要实现整体工业化的话，巨量资金就成为必要条件。

要说什么是必要的，那就是所谓的社会间接资本。建工厂本身不是什么问题，但道路修整、工人住宅、河川改造等相关的环境创设工作，却需要非常大量的资金支持。

最重要的是交通革命的资金。因为工业化早期使用的是马车，所以必须想办法解决道路问题。马车交通增加了，就需要铺设道路。虽然在工业革命时代，马卡丹（John Loudon McAdam）修建了著名的碎石铺装马路，但在那之前英国社会仍然在使用罗马时代的道路技术。

然后是河川。由于英格兰没有高山，所以即使泰晤士河也是缓缓流淌且水量丰沛的。今天的日本河流有急流少水的特征，但我记得以前在地势稍微平缓的地方水量也是不少的。英国由于地形没有高度差，水量也大，相当便于河川航行。即便如此，如果中途遇到有高低落差的地方，还是需要利用一种叫做"船闸"（rock）的装置才可使船继续航行，所以移除障碍物等河川改造的工程非常必要。

道路方面，英国设立了专事出资筑路的修路财团（信托基金）。虽然 17 世纪后期英国已经出现了第一条"收费公路"（turnpike），但这种交通形式真正开始运作是在 18 世纪中期。现在日本的公路收费站几乎都沿袭了 18 世纪英国收费公路的设计。在当时，两匹马车多少钱、运货马车多少钱都公开写成费用表，挂在收费站的入口。

此外，在河川航行时，有些地方也设置了关卡，收取通航费。由此，依靠河流已经可以在全国许多地方通行，而无法通达的地方也会积极地开挖运河。

在交通革命中，铁路是后来的事情，收费公路、河川整修、运河开挖等事业需要巨额资金。因为涉及土木工程，必然需要与土地所有者进行交涉，但这不是一件容易的事。像前述阿克莱特开办棉织工场那样的例子，仅靠合伙人制就行不通了。

在 18 世纪工业革命进程刚起步的时候，什么样的人会对这样的事业进行投资呢？关于哪些人对收费公路的信托基金进行投资曾有很多研究，从这些研究的结论来看还是以地主绅士为主，虽然也有毛纺织业者投资的情况，但不能说是普遍现象。

私法之下的世界

第一，地主绅士和毛纺织业者的财力不同。毛纺织业者是拿不出数额那么巨大的资金的。还有一个大问题，就是这种投资伴随着对土地的处理。为了大规模地处理土地，当时英国不得不制定了被称为"私法"（private act）的法律。"私法"是"公法"（public act）的相对词，但很难用日语表达。从其与全国范围内适用的"公法"相对的角度来说，也有将其翻译为"个别法"的情况，但以往的英美法辞典是将其翻译为"私法律"。

私法和公法都是由议会制定的法律，其制定数量在18世纪大致相同。议会在决定涉及个人权利和所有权的事情时适用私法。例如，圈占某些特定人的土地时应用私法，属于优先行为；一般来说，在全国范围内禁止圈占土地时，则应用公法。通常情况下，世界史教科书中出现的法律都属于公共行为。但实际上，如果查阅英国的判例集，几乎一半都是通过私法来处理的，就连承认外国人向英国归化这样的案件也是通过私法来处理的。

私法中适用最多的是"家族授产制度"，英语写作"family settlement"。因为如果地主的当家人因为挥霍无度而失去财产的话，整个家族都会受到影响，所以这一制度就是为了不让地主的财产分散而采取的法律措施。其中最为严格的部分被称为"家族限嗣授产制"，出于不让财产分散消失的目的，因为大部分都是在长子结婚的时候做出安排的，所以又称为"婚姻财产继承制"，当然这只是从不同角度出发而造成的不同说法而已。

《呼啸山庄》中的婚姻——财产继承制

这种财产继承的机制虽然设计巧妙，但非常复杂，不太容易搞清。我写论文的时候，曾有人说我的理解完全不对。不管怎样，财产继承制是《呼啸山庄》《简·爱》《艾玛》等工业革命时期的女性撰写的众多小说的主题。

简单地说，家族授产制度就是为了不让地主的财产分散而对地主的所有权进行限制的程序。比如，有的地主会把家族的土地传给未成年的孙子，然后采取现在的地主从孙子那里租借土地的形式。这样一来，户主就成了租地人，不能出售这块土地。极端的情况下还会在长子结婚的时候把土地传给早晚会出生的孙子。据说甚至有把稻草人当作孙子，对其进行让渡仪式的情况。但是，如果孙子成年了，就会产生所有权，出现土地被孙子卖掉的可能性。因此，需要重新修正财产继承方案。

这种情况在欧洲大陆也是存在的，并且在纳粹时代曾经受到鼓励。但是其在 18 世纪的英国盛行一时后不久就消失了。

这种财产继承方案是私法的典型代表，通常在长子结婚时执行，并同时决定次子、三子和女儿的待遇。遗产承继和结婚时的嫁妆也是由此决定的。

出嫁女性的未来财产权同样由婚姻财产继承制来设计决定。一般来说，嫁到地主家里的女性一定会带嫁妆来。假如一个女性不是资本家的女儿，但很有魅力，被上流阶层的绅士看上并与之结婚，可是如果她没有嫁妆的话，日后生活仍然会充满痛苦。1660 年，靠复辟回国的查理二世之妻，葡萄牙布拉干萨王室出身的凯瑟琳，便带来了印度的孟买（Bombay，现称 Mumbai）岛作为嫁妆。

如前所述，英国社会基本上不存在户主去世时由孩子照顾母亲的习惯。寡妇必须以寡妇的方式生存下去。依照常规，寡妇会以自己带来的嫁妆的十分之一作为年费，领取养老金。如果没有嫁妆，成为寡妇以后就没有养老金，也就无法生活。虽然这么说比较过分，但从夫家的角度来看，女性还是带着很多嫁妆过门又早点死去比较好。如果娶了比丈夫长寿十年以上的女人做妻子，就说明这个家族的"联姻策略"失败了。众所周知，当时结婚是家庭致富的最大方法，所以"联姻策略""婚姻市场"等词语在那个时代的地主社会中是被普遍使用的。

也正因为如此，"婚姻财产继承制""土地圈占"等都是根据私法来处理的。为了修建道路和运河，也必须通过私法获得许可。为了取得私法的许可，就必须通过议员进行推动。这既需要大笔资金，也需要打通国会议员的门路，不是平民可以处理的事，只能由绅士出面。

话虽如此，为什么长期经营毛纺织业的"产业资本家"不投资这

147

些领域呢？答案很简单，因为从他们计算得失的时间跨度来看，修路是赚不到钱的。收费公路的信托基金拥有收取二十一年通行税的权利。我认为运河也是如此。虽然不知道为什么定成二十一年，但不到二十一年本金就不能收回。而过了二十一年，这条路就免费了。这样一来，站在以经济理性主义为前提的产业资本家的立场上，就会担心资金安全而不会对其进行投资，毕竟将巨额资金冻结二十一年的风险是很大的。

仔细想想，不仅是英国，后来实现工业化的日本和德国也出现了一样的情况。

在日本、德国等后发资本主义国家，说起道路修筑，肯定是以官方为主导的。在这些国家中，由于工业化和殖产兴业被定为国家目标，因此道路建设是由国家或地方自治团体等公共机构负责的。即使是现在，无论多么狂热推崇民营化的新自由主义者也不会认为把道路建设交给民间就能搞好全国的道路建设。因为修路是很难赚钱的，所以现在由国家出资修路仍然是普遍情况。即使在英国的工业革命时期，产业资本家，也就是秉持经济理性主义、只计算是否赚钱的人，是不会向这些领域出手的。

那么，英国的地主绅士为什么还要插手这种不赚钱的买卖呢？这其实出于一种经济非理性主义的想法，换句话说，是绅士主义的想法。出于作为一方领主的面子，也可以说出于给自己脸上贴金的心理，邻近的领地有很好的道路，自己的领地却没有，真是太丢脸了。旁边的领地有学校，自己这里却没有，实在说不过去。这样的想法在某种程度上成为他们建设道路和学校等公共事业的主要原因。当然，这些举措能够提高利润也是事实，但他们的动机绝不仅限于此。绅士们无意识地做了在后发资本主义国家中国家有意识推动的事情，这是与经济理性主义南辕北辙的想法。

彻底贯彻经济理性主义的人，也就是亚当·斯密所说的"经济人"（homo economics），即使挤满英国也不会引发工业革命。英国的情况是，国家可以说什么都不做，而"经济人"式的产业资本家除了直接赚钱之外，也是什么都不做。如果是这样的话，工业革命就不会发生。但实际上，很多绅士的想法是不以经济上的得失为中心的，而且这些人拥有大量的资金。我想英国工业革命的发生，可能是因为同时具备这些条件使然。

成为发展福利国家铺路石的工业革命研究

工业革命就是以这样的形式发生的。关于工业革命的技术条件和经营方针从何而来等，需要思考的问题还有很多，在此我就省略了。不过，在工业革命的研究中，我还想再说一个最重要的问题。

关于"工业革命"这个词本身是谁创造的，长久以来一直存在争议。一般认为，最早研究工业革命的是阿诺德·汤因比（Arnold Toynbee），是他创造了这个词。我在很多文章中也有写到过这一点。

这个汤因比是写出名作《历史研究》的那位汤因比的叔叔，二人同名同姓。孔子也好，基督也好，据说伟大的思想家都是述而不作，写《历史研究》的汤因比的这位叔叔去世后，他的学生们收集了他的讲义，出版了一本书，这本书被视为工业革命研究的起点。不过，这种看法有故意回避马克思主义观点的嫌疑。实际上，说马克思的挚友恩格斯是工业革命真正的最初研究者才是比较准确的。

汤因比是现在所说的社会政策学的先驱，而且是伦敦东区的贫民窟改良运动的发起者。现在在伦敦东区有一个叫做汤因比馆（Toynbee Hall）的建筑，就是在他去世后为了纪念他而建造的。

19 世纪后半叶，维多利亚时代的英国掌握着世界经济的霸权，迎来了繁荣。但是，在这样繁荣的英国首都的中心，却出现了伦敦东区这个世界最大的贫民窟。这到底是怎么回事？为什么会出现这样的地方？这是很多人都抱有的疑问。为了解决这种矛盾，汤因比发起了多次改良运动。从伦敦东区改良运动，到救世军运动以及睦邻（settlement）运动等，他的身影曾在各种福利及社会改良活动中出现。

而每天目睹贫民窟现状的汤因比也产生了一些疑问，英国应该是非常富裕的，这些贫民窟是怎样产生，又是从什么时候开始出现的呢？从当时的普遍认知来看，中世纪田园牧歌式的农村社会中应该是没有这种地方的。贫民窟很明显是城市的产物。因此汤因比认为，从 1760 年乔治三世登基以后，开始出现工场，移居城市的农民越来越多。以前的教科书都会写"英国工业革命始于 1760 年"之类的内容，这只是把汤因比从乔治三世时代开始的说法换成了从 1760 年开始而已，从经济史角度来说并非有什么特别的原因。

总之，从那时起，英国社会便开始逐渐发生变化。汤因比认为，随着工场的建立，城市化的推进，越来越多的人进城工作，社会发生了质变。在他看来，农村的地主和佃农之间是一种非常"润滑"（wet）的亲子关系，而工场的人际关系则非常"冷漠"（dry），是用钱购买工作时间的金钱关系，所以世界变得非常糟糕。

这种想法在奥利弗·戈德史密斯（Oliver Goldsmith）的著名长诗《荒村》中也有体现，并在当时塑造出了一种得到广泛认可的形象。

汤因比提出，可以将这种变化称为"工业革命"。而工业革命正是引发贫民窟问题的原因。工业革命虽然使很多人成为了有钱人，但也让更多人悲剧性地沦为了贫民窟居民。他认为工场劳动非常辛苦和严格，而且是一个低工资的劳动场所。

这种早期的工业革命论在后来被称为"生活水平论争"的讨论中被定名为"悲观论"。之后的哈蒙德夫妇、韦伯夫妇等各路研究者无不是按照这个思路进行研究的。哈蒙德夫妇等人特别追踪了人们从农村流向城市的过程，认为因"圈地"而被赶走的农民是在不情愿的情况下成为城市工场的劳动者。我上学的时候，日本的高中教科书也是这样写的。这是古典工业革命论的主要内容。

汤因比、哈蒙德夫妇、韦伯夫妇等人主张，由于生活水平恶化，福利政策是必要的。因为有些人通过工业革命积累了财富，所以只要福利政策能够顺利实施，英国社会就有可能成为美好的社会。但是，如果放任不管的话，毫不掩饰贪婪本性的资本主义会日益跋扈，世界就会变得很糟糕。由于秉持这种论点，他们的工业革命论一直具有社会福利学分支的性质。

与新自由主义交织的工业革命论

但是，到了20世纪20年代，第一次世界大战的影响结束之后，以美国为中心，欧美国家的经济状况极为景气。过去的马克思主义者把这个时代称为"资本主义的相对稳定期"。第一次世界大战之后，美国非常繁荣，虽然俄国爆发了革命，但英国还是受美国影响迎来了经济好转的时期。1926年，剑桥大学的教授J. H. 克拉潘（J. H. Clapham）出版了名为《近代英国经济史》系列著作中的第一卷。虽然该卷的主要内容都是讲述工业革命，但书的正题中却并没有"工业革命"这个词，副标题则是"早期铁路时代"。

克拉潘在这本书中几乎完全否定了以往的工业革命论。首先，他对实际工资等数据进行了统计，认为工业革命导致人们的生活变差是错误的。其次，他指出所谓工业革命的"革命"一词未免夸张了，变化是缓慢而渐进的。既然是经济发展，昨天和今天就不可能发生戏剧性的变化，这是理所当然的，说"革命"有些言过其实。克拉潘以降，这类观点陆续被冠以"乐观说""连续说"等名称。

最初的工业革命论设想了戏剧性的变化，认为人们的生活因此变差了，而这个学说认为，正是因为有了工业革命，人们的生活才得以改善，也就是说多亏有了工业革命，20世纪20年代的今天，英国才会如此繁荣。由此，最初的悲观工业革命论被其批判为"汤因比传说"或"哈蒙德神话"。

从某种意义上来说，直到现在这场论争仍然在继续。虽然克拉潘最初的研究对象是工资，但根据地区、场所、职业情况的不同，工资也存在极大的差异。而工资以外还存在多少实物支付也不太清楚。就算知道一天的工资，是否整月都能开工，还是说几乎没什么工作，也都很难确定。由于存在各种无从知晓的不确定因素，所以对实际工资的研究几乎是不可能的。也正因如此，相较于以往，最近出现了很多关于食物丰富程度等具体生活状态的研究。

伦敦大学由于偏重历史研究的缘故，偏向悲观论。与其相对，剑桥大学的学者则多持乐观论。剑桥大学其实是一所不喜欢经济史研究的大学。在克拉潘出现之前，还没有对工业革命史进行过系统性的研究。剑桥大学有一位著名的经济学家马歇尔，据说这位老师认为女性研究社会科学是不可能的，所以把女性研究者都赶出了剑桥，而被赶走的女性几乎都去了伦敦大学。在工业革命研究的初期，伦敦大学周围活跃着很多女性研究人员，说明可能确有其事。

这些暂且不提，乐观论学者的研究重点仍在于实际工资。即使是现在，依然不时会出现对某个特定城镇的特定行业的工资在工业革命期间发生了多大变化的研究，但这些研究大都不会进行全面性的宏观论述。

没有结果的论争

最新的研究尝试是计量历史人类学。学界曾流行了一阵对当时普通人身高的调查研究，以此判断人们生活水平变化。身高最终能长到多少厘米很大程度上取决于营养情况。可能有人会认为某国民众的身高是根据人种决定而无法改变的，但战前日本人的身高和现在就有很大的不同，很明显是生活水平的提高造成了身高的增长。事实上在英国，每当大型战争陷入苦战时，就会有人指出本国士兵的体格不如对手，并据此主张即便从国防角度也有推进福利的必要。据说在美国独立战争中，与殖民地一方的士兵相比，国王派士兵的个头明显较矮。在 19 世纪末的布尔战争中，也有人指摘这一点。

不仅是最终身高，随着年龄的增长，身高在何时达到峰值也和营养状态有很大的关系。营养失调时，身高的峰值会向后移动，而营养状态良好时，即使初中生看上去也会像成年人一样，所以也有必要调查身高的峰值。

学者们曾经使用作为志愿兵入伍的士兵、罪犯、被送往澳大利亚的囚犯等人群的数据，将其中城市劳动者的身高和农村劳动者的身高进行比较。因为农村的生活环境也是工业化前普通人的生活环境，由此便可以推断出伴随工业革命而来的城市化对人们的身高产生了怎样的影响。

但是，令人遗憾的是，这个调查结果最终还是以悲观说、乐观说两种意见并存而告终。我也曾长期处理移民、士兵和罪犯的数据，所以试着用了一段时间，虽然中间的讨论确实会很有意思，但结论总是莫名其妙。

因此，这场"生活水准论争"的结果是，双方仍然只是坚持自己的主张，也使我明白了用实证是不可能解决问题的。是批判地看待资本主义和工业化社会的现状，还是积极地看待现状，已经成为世界观和心态的问题。

无论如何，悲观论者倡导"福利政策是必要的"，随即便与推进福利的政策论联系在了一起。这一点尤为重要，因为在这之后，学术论争便演变成了资本主义批判派和资本主义拥护派之间的对立。

实际工资可以计算吗

关于这个问题，我的想法如下。首先，让我们来谈谈统计问题吧。虽然可以对全国性的实际工资进行统计，但要得出实际工资就必须计算物价指数。

有关物价史最完整的资料在伦敦。搜集这些资料的是贝弗里奇勋爵（Sir William Beveridge）。第二次世界大战爆发后，他发表了《贝弗里奇报告》，这是一份在福利领域非常有名的报告书，其中提出了"从摇篮到坟墓"的口号。正如"勋爵"（lord）这一称号所示，贝弗里奇勋爵是贵族，但他与伦敦大学有着很深的关系，伦敦大学就有以他的名字命名的礼堂。贝弗里奇勋爵的妹妹珍妮特是 R.H. 托尼的夫人。托尼的历史研究和经济史研究与贝弗里奇勋爵开展的福利政策有着密切的关系。

贝弗里奇勋爵发表的报告中，主要汇集了欧洲各国历史上的工资和物价统计。虽然此时已经出版了关于英国的统计材料，但即使使用这些材料，实际上也无法做出实际工资与物价的时间序列分析统计。因为收录的数据只是大学宿舍和军队的商品价格，一百年来一直保持着同样的数字。简而言之，都是合同上的数字，所以即使实际内容发生了变化，书面上还是一样的。

不仅如此，克拉潘等乐观派认为统计是一种方法，但在历史学中进行时间序列统计这项工作存在着根本性的问题。从历史学的角度来看，能够进行时间序列的统计本身就包含着一定的前提条件。

如果按照时间序列计算一个"项"，将结果的数字列出，就能制作出折线图或柱形图。但是，计算本身是以这个"项"的定义内容一直恒定不变为前提的。比如"光热费"是什么？如果不定义光热费，就无法进行统计。若要定义江户时代的光热费，大概就是灯笼和灯油的价格吧？但即使一直调查灯笼和灯油的价格，到了使用电和煤气的时代，这些数据也就失去了意义。也就是说，如果生活模式发生了改变，这种时间序列统计就会失效。现在说到光热费，必须考虑电费和煤气费。而用蜡烛的时代则是将蜡烛计入光热费。所以仅仅统计电灯和蜡烛都是没有意义的，说得更极端一点，对于现在还在用蜡烛生活的人来说，电费统计跟他们一点关系也没有。

因此，虽然存在个体差异的问题，但采用时间序列统计出的实际工资，从一开始就是以生活模式没有改变为前提的。按照这样的统计，必然会得出"连续说"的结论，否定剧烈变化的发生。但这只是由于其进行的时间序列统计本身是以统计变量的定义对象没有出现剧烈变化为前提的。可以说，克拉潘派的研究方法就是落入了这样一个陷阱。

在乡下靠后山打柴、河里取水生活的人，来到伦敦或曼彻斯特，在面临必须交水费、买煤的生活时，即便能得到和以前一样的收入，也无法将其前后生活相提并论。由于人们的生活模式已经发生了变化，所以无法做出连续的统计，这才是正确的想法。因此，那种"乐观论"，即克拉潘派的统计手法，在解决历史问题时存在着相当严重的缺陷。

购买者是谁——需求的问题

关于生活水平的问题，不能只看工资统计，直接地观察人们的生活本身也是极其必要的。我试图从消费和需求方面来观察工业革命的想法正源于此。

有一种观点认为，世界上最早的工业革命是英国劳动者基于清教徒的教化，接受了必须禁欲、勤奋工作、合理行动等生活准则的结果。但是，按照这种观点，英国人如果勤奋工作的同时严格禁欲，就会留下由谁购买那些制造出来的商品的问题，继而无法说明消费需求是如何扩大的。

实际上，在英国国内，各种商品的销量都是在不断增长的。由于生产出来的东西马上就能被卖掉，因此很快又会进行再生产。那么，购买这些商品的到底是些什么样的人呢? 为什么会产生购买力，这就是问题所在。固然有出口需求的因素，但相关的内需才是关键。

关于这一点，其实只要想一想工业革命初期的畅销商品是什么，必然会得到关键性的启示。那个时代畅销的商品首先是棉织品等服装原料和瓷器。此外就是铁制品，以伯明翰和谢菲尔德产居多，虽然锅釜和钉子之类的东西也越来越多，但大多是刀具、刀叉等餐具，以及金属纽扣、皮带扣等。由此，生产这些东西的产业也发展了起来。

这些商品肯定是有购买者的。也就是说，服装、日用品、厨房用品等产业之所以在工业革命初期得到发展，就是因为对这些产品的需求量急剧增加。那么，购买者究竟是什么人呢? 从这些商品的种类来看，几乎都是家庭主妇爱买的东西。在有钱进账的时候，如果是家庭主妇就有可能会买进这些商品; 如果是男性的话，一般会选择去酒吧喝酒。如果是这样的话，关于当时女性的可支配收入在持续增长的观点成立的可能性还是很高的。

女性和儿童的雇佣

据说在工业革命时代，因为工资低廉，工厂大量使用了女性和儿童。确实是这样的，女性和儿童曾被置于危险的场所进行长时间劳动，却只领很少的工资，处境极其可怜。所以才有了《工厂法》的颁布，有了福利政策的出台，有了社会主义的诞生。一般来说，教科书上都是这样解释这个时代的历史的。但实际上，工业革命时代的女性和儿童的劳动状况是否异常悲惨是"生活水平论争"中的重要分歧点。

当时，女性和儿童的工资明显低于成年男性，这是很明确的。从各种数据来看都是如此。

如果从和工业革命以前进行对照的观点来看，有人会说过去的女性只要做家务，孩子只要去学校学习就可以了。然而事实并不是这样，女性和孩子在前工业化社会也在拼命劳动。如果是农民家庭，从小就

工业革命时期在工厂工作的孩子们
（D. Hill, *Georgian London*, 1970, Macdonald & co.）

被要求照看孩子，或者做搬运蒿秆之类的农活，这在后来具有读写能力的劳动者的自传中也有记载。在织布工的家里，不仅是织布工在织布，妻子和孩子当然也要帮忙。

从这种家庭内的劳动形态来看，家庭成员是在户主的监督下，作为一个整体（one set）进行劳动的。"家庭"是社会的最小单位，对外只有户主拥有家庭代表权。

我们以工业革命后期选举法的修正为例，其相关内容在教科书中也占有很大篇幅。第一次修改选举法是在 1832 年，当时被赋予选举权的是所谓"十英镑户主"，即住在每年房租超过十英镑的房子里的户主，也就是说成年男子才有选举权，女性没有选举权。住在同一家庭里的用人，即使达到标准年龄也没有选举权。这个结果说明即便到了工业革命时代，仍然是一个以家庭作为社会最小单位，户主作为代表，身为家庭从属成员的妇女、儿童和用人则处于"社会性虚无"的状态中，也就是说与 17 世纪的"政治算术"家们相同的社会观、家庭观依然存在。

只有户主才有身份也就是职业，女性和儿童被称为某某的妻子、某某的孩子，这些人固有的社会地位通常不能用高低来评判，而是根本就没有。因为户主是家庭代表，所以即使是家庭劳动，比如织布，工资也由户主代表家庭领取。从表面上看，便都成为户主名下的收入了。妻子和孩子虽然也在工作，劳动成果也被纳入家庭收入中，但全部家庭收入都是以户主收入的形式体现的。这是工业化以前一种常见的家庭劳动状态模式。

家庭的变迁

从长远来看，工业化大大改变了这种家庭形态，至少工厂一旦建成，妻子和孩子就有可能在户主监督不到的地方被雇用。实际上，在棉纺织业发展到工业革命的相对后期，也就是出现走锭纺纱机的时候，这种倾向就发挥出了决定性作用。

在这一阶段，由于主要工作的人和辅助工作的人的比例已经不符合个体的家庭结构，因此把家庭所有成员集中在一起雇用的可能性就不大了。如果不再以家庭为单位进行劳动的话，妻子和孩子就会和户主在不同的地方被雇用，不得不服从不同职场管理者的命令。原本是家庭中户主从属成员的人们，白天却要听别人的命令。从户主的立场来看，这是非常荒唐的事情，所以才会有女性和儿童在工厂工作很可怜的声音出现，这是现在普遍的理解。

女性和儿童的劳动工资很低，处境非常苛酷，确实存在必须对其加以保护的问题。但实际上，女性和儿童在工业革命以前就处于艰苦的劳动环境中。而现在，他们只是没有了来自户主家庭对其的监督权或领导关系。

另一方面，女性和儿童的劳动成果虽然都很低，但却以工资的形式被明确化了。过去，他们的报酬都归户主所有，很少被特别单独规定出来。但随着妻子和孩子成为相对独立的劳动者，他们的收入也被明确化了。如果清楚钱是谁赚的，必然就会对财产的处置权产生影响。但是，据说到现在已经没有像日本这样家庭的钱包完全由妻子掌管的国家了，所以不知道当时的英国，妻子在家庭内的话语权能有多强。尽管如此，妻子和孩子以现金收入的形式拥有自己赚到的钱，这毫无疑问是一个在工业革命过程中才发生的社会变化。

而且，女性和儿童的支出模式肯定也与以往的户主不同。他们的购买倾向可能会更偏重于刀叉、陶瓷器皿等厨房用品，或是棉织品等衣料制品吧。也就是说，这些都是在工业革命初期获得巨大发展的工业制品。

关于这一点有丰富的数据支撑。也就是说，在同时期居住在同一城镇的劳动阶级的家庭中，有很多孩子可以工作的家庭反而是最富裕的。特别是在建有工厂、能让妻子和孩子找到工作的新兴工业城市，这种趋势尤为明显。曼彻斯特周边的纺织工业城市就是典型的例子。

由此，与很多人的预想相反，在工厂林立的地方，有很多孩子的家庭在劳动阶层中是比较富裕的。最贫穷的反而是那些其他地方都已参与工业革命，本地却没什么工厂的地区。现在日本各个地区的自治体都热衷于招商引资，大概也是这个原因吧。

女性和儿童非常悲惨，这是作为户主的男性的声音，或许被他同情的对象本人并不这么想。这是一个基本的出发点。至此，我们就可以从消费需求的角度来对工业革命加以说明了。

衣服是在哪做的——伦敦的工业革命

随着女性可支配收入的增加，厨房用品、饰品、服装衣料等商品被越来越多地生产了出来，满足国内的市场需求。棉织品也是一样，但是在织品方面，即使曼彻斯特等工厂生产出了棉布，也不会就以布料的形式直接出售，而是必须将其转化为能穿能用的商品。虽然不同商品的情况有所不同，但当时的服装加工业绝大多数集中在伦敦。

汤因比的工业革命论是从伦敦东区出现的贫民窟开始的，但仔细想想，其中有一些说不通的地方。因为工业革命并非发生在伦敦，相反是在远离伦敦的西北地区兰开夏等地发展起来的。那么，伦敦的贫民窟真的是工业革命造成的吗？

查尔斯·狄更斯是英国文学史上最著名的小说家之一，著有《雾都孤儿》《双城记》等名作。他的作品被认为对工业革命时代的社会进行了深刻的描写。但是，他刻画的主要是伦敦，特别是伦敦东区的穷人。

狄更斯原本是伦敦报纸《纪事晨报》的记者，他的同社后辈还有亨利·梅休。梅休用支付报酬的方式招募伦敦东区的人，听取他们在那里的生活状况，并整理成纪实报道，最后出版为四卷本的大部头，在日本也曾被几度选译。其中，最后一卷详细记述了包括日本在内的世界各地的性交易。作为明治维新前夕出版的书，我很惊讶其对日本的信息了解得这么详细。总之，梅休的这部关于伦敦东区的报告经常作为工业革命时代英国社会悲惨的示例而被引用。但仔细想想，这也很不对劲。

从汤因比开始，几乎所有经常被引用的材料大体上都源于伦敦。但是，伦敦并没有发生通常意义上的工业革命。伦敦是以伦敦城为中心的金融世界，工业革命发生在遥远的兰开夏地区和中部地区。那么，引用伦敦贫民窟的例子作为工业革命时代社会的典型例证，真的是正确的吗？

在伦敦出现的贫民窟与兰开夏地区的曼彻斯特出现的工厂是没有直接关系的。或者说，受雇于工厂的人因为能从工厂领取工资，所以能够维持生活，而落入贫民窟的人则可能是因为没有可以受雇的工厂，所以才会陷入贫穷。这里存在微妙的讨论偏差。但另一方面，在工业革命爆发的时代，伦敦东区出现了贫民窟也是不争的事实。或许两者之间存在着某种联系。也就是说，曼彻斯特的发展与伦敦东区的形成并不是相互无关的，而是形成了一个国内体系，就像一枚硬币的正反两面。下面，我们就来探究一下这一点。

随着工业革命的爆发，英国在全国范围内变得富裕起来，其中的财富大多因为政治原因和文化原因而聚集到了伦敦。前文已经提到，随着伦敦社交季的延长，各地的富人会在伦敦生活半年左右，仅凭这一点财富就会在伦敦集中。税制也起到了同样的作用。因为从全国征收的租税中，有相当一部分是在政府机关所在地伦敦消费的。和现在的东京一样，发生了单极集中，这使伦敦成为了世界第一的消费都市。

这样一来，实体的消费资料就会聚集在伦敦。有些消费品来自英国国内，但更多的是来自其他国家，所以都是由水路进入伦敦的。说起英国的港口，大家可能会想到利物浦，但当时规模最大的其实是伦敦港。于是，在工业革命时代，伦敦的港口功能迅速发展了起来。1860 年，有一部面向大船坞经营者全面介绍伦敦港的书，根据书中的记载，当时的伦敦港已极为壮观。

出现在港口的贫民窟

在历史上，曾经有过关于伦敦港位置的大讨论。虽然知道它是在泰晤士河的岸边，但是具体范围是从哪到哪，南岸是否也是港口，却没有定论。换句话说，这是在伦敦港卸货，也就是拥有卸货特权的工人——港口搬运工（city porter）的特权 ① 在多大程度上有效的问题。

港口搬运工的人数有限，而在交易量激增的工业革命时期，这些搬运工的工作状态令人不敢恭维，他们往往会耗费过度的时间和费用，被货主认为是效率低下的。港口搬运工还有权对货物进行检重收税。他们有精密的秤用来专门称量昂贵的砂糖。长崎的出岛也曾用同样的工具称糖。另外，港口搬运工在同伴之间创造了各种各样的仁义或者说是互助的原则，这是一个非常有趣的世界，但关于这个话题已经说得有点过了，留待其他机会再谈吧。

港口搬运工们的特权范围是法律上的伦敦港。由于货主们大都想

---

① 港口搬运工拥有伦敦城所赐予的特权，允许从事检重和搬运等工作。

避开港口搬运工,当然也就不愿意委托他们卸货。通常来说,搬运工是极端贫困的体力劳动者所从事的典型职业,因此这些持有特权的港口搬运工通常不会亲自动手,而是把实际工作交给贫困的人去干,自己则坐享抽成。港口容易滋生贫民窟和黑社会,这一点在日本和英国都是一样的。我认为,从16世纪到19世纪,港口活动才是造成贫民窟出现的首要原因。

不管怎样,到19世纪初,伦敦港已变得非常混杂,使用利物浦等其他港口的货主也越来越多。港口搬运工的低效率广受诟病也是理所当然的。如果是客船的话,旅客通常会在泰晤士河河口附近下船,再换乘马车进入伦敦。而如果是货船的话,驶入伦敦港后便会陷入混乱之中,货物遭到盗窃更是家常便饭。伦敦当局通过颁布《泰晤士河警察法》,比陆地更早建立起水上警察制度,就是出于这个原因。

即便如此,货主和海运业者也无法忍受这样的情况,于是他们开始摸索如何不使用港口搬运工也能解决装卸问题的合法手段。

由此想出的应对之举是从泰晤士河引水,建造一个可以停泊大型船只的“水池”(pool)。这种被称为“dock”的水池是在私人拥有的土地上建造的,所以不是搬运工拥有特权的“伦敦港”。像这样在广阔的土地上拓展出来的水面,就是今天被称为“码头区”(dockland,现在使用复数docklands更为普遍)的地方。这里的“dock”不是修理船只的船坞,而是装卸货物的码头。

在19世纪早期的1830年,为来自印度和西印度群岛的船只准备

（上）泰晤士河（伦敦港）和码头（1803 年）。泰晤士河警署在此前五年已
经设立
（下）1845 年的伦敦塔和船坞
（上下两图均出自 S.K. AI Naib, *London Docklands*：*Past*，*Present and Future*，
1990。）

的东印度码头、西印度码头以及维多利亚码头等巨大的码头群已经相
继建成。这些码头群以泰晤士河北岸为中心，如萨里郡的商业码头群
等，当然南部也建造了许多。此类码头都是绅士的私人领地，所以在

伦敦码头区卸茶（1877 年）
（ S. K. AI Naib, *London Docklands*：*Past*，*Present and Future*，1990．）

那里装卸货物不需要委托伦敦港的搬运工。但最后还是发生了纷争，结果以港口搬运工的权利由国家买断而告终。就像同一时代，加勒比海地区的奴隶解放时，官方向奴隶的所有者支付了经济补偿。然而仔细想想，应该补偿的不是奴隶主，而是奴隶。

不管怎样，随着码头区的开发，人们开始在这里装卸货物，没有使用港口搬运工，而是从附近招募贫困的失业者。所以，很多来自英国其他地方或爱尔兰的人，为了工作机会来到伦敦，并逐渐聚居在一起，这样便形成了伦敦东区。因此可以说，伦敦东区源自码头区。

戴欧斯的贫民窟研究——修筑铁路的贫民窟

城市贫民窟是怎么形成的呢？城市史学会创始于 20 世纪 60 年代，是在第一章中提到过的一位希腊裔英国学者 H.J. 戴欧斯教授创建的。如前所述，这是一个与中世纪城市研究和古代城市研究完全不同的以近世、近代城市为研究对象的学术团体。

在此之前，近代城市还没有成为历史学的研究对象。而戴欧斯教授的研究也成为历史学相关领域的重要支柱。他召集了城市工程学、公共卫生学、经济学等多方面的研究者，其研究宗旨是探寻"现代城市问题的历史起源"。

从结论来说，现在的城市问题大多与中世纪时的城市无关。虽然有很多研究中世纪城市的学者，但中世纪城市并不存在所谓的"城市问题"。中世纪的城市里还谈不上有什么交通问题，也几乎没有外国人或者少数族裔（ethnic minority）的问题。现在被称为"城市问题"的各种问题在中世纪还未出现。实际上，中世纪的城市研究是以在领主的统治下，如何保护市民自由的城市自治等问题为中心展开的。随着社会史研究范围的扩大，所涉及的问题也变得多样化，但强行将中世纪的城市研究与现代城市问题一概而论是不合理的。

因此，戴欧斯教授的研究策略是，不拘泥于仅仅将现在的问题追溯到中世纪，而是将中世纪城市与现在的城市问题联系起来，比如贫民窟问题的提出。这种研究方式大受好评，吸收了各个领域的研究者参与其中,取得了巨大的发展,甚至在英国学界被称为"戴欧斯现象"。

戴欧斯教授亲自研究过贫民窟,他得出的一个重要结论是,铁路建设,特别是车站的建设产生了近代贫民窟。在建造铁路和车站的时候,有钱人住的地方是建不了车站的,所以人们会把目光投向原本就有很多穷人的地区。而且,穷人因为没有交通工具,只能住在工作地点附近。虽然伦敦城的金融业者和大商人在近世时期于郊外建造了大量具有绅士风格的宅邸,成为英国历史上最早的"通勤者",但贫民却并非如此。于是,车站周边就出现了贫民窟化的现象。

移民与贫民窟

但是,我认为港口比铁路更容易制造贫民窟。伦敦就是其中的典型,港口的装卸劳动带来的就业机会极具吸引力,从国内外吸引了大量贫民,从而造就出东区贫民窟。

被吸引到这里的不仅仅是英国人。在伦敦东区,反而清一色都是爱尔兰人。由于他们是天主教徒,所以伦敦东区的天主教教堂激增。这种情况在后来致力于对这个地区进行改善的社会改良家查尔斯·布斯(Charles Booth)所绘制的宗教分布图中,也可以清楚地看到。

另一方面,19 世纪下半叶,俄国等东欧国家爆发了迫害犹太人的运动(pogrom),被驱逐的东欧犹太穷人大量流入伦敦东区。因此,犹太教堂(synagogue)的数量也出现激增。

从船上搬运货物需要一定的技术，但单纯的搬运货物完全是体力劳动，所以搬运工在英国属于典型的散工。由于是散工，所以起初也没有工会，不过到了19世纪末，出现了促使这些工人成立工会的动向。将这一运动推向高潮的是一次被称为"伦敦码头工人大罢工"的事件。通过这次罢工，工会运动转变为将非熟练工人也组织起来的新工会主义运动。

像这样源自伦敦东区、推动历史发展的现象有许多。刚才我们一直谈的是东区的男性，而那里的女性则主要从事针线工作，由此形成了曼彻斯特生产的纺织品在伦敦进行最后加工的局面。针线活可以说是家庭内的副业，是超低工资劳动的代表，英语中称之为"sweating trade"，在日本被翻译成"苦汗劳动"。

由此可见，在曼彻斯特发生工业革命时，伦敦也出现了贫民窟，这是一组配套事件。从世界体系论的角度来看，这应该被理解为英国国内的"核心·边缘"关系。就像英国在工业化的过程中把印度变成了棉花生产地一样。由于伦敦城集中了世界的财富，所以不能说整个伦敦都是"边缘"，但伦敦东区无疑是曼彻斯特的"边缘"。

美国与德国的崛起——第二次工业革命

工业革命以后的英国已执世界经济牛耳，确立了"经济霸权"。在政治和军事意义上，也出现了被称为"不列颠治世"（Pax Britannica）的局面。"不列颠治世"是模仿古罗马帝国的"罗马治世"的说法。就这样，成为最强国家的英国开始极力主张自由贸易主义，这和过去的荷兰以及后来的美利坚合众国一样，对于最强大的国家来说，自由竞争才是最有利的。

在 19 世纪 70 年代以前，英国一直处于霸权地位。但 1873 年，不仅是英国，美国、德国等国都发生了被称为"大萧条"的混乱局面。到了世纪末，由于一家名叫贝尔林商会（Bearing Blaza）的商人银行（Merchant Bank）爆发经营危机，又引发了"贝尔林恐慌"（1890 年）。一提到贝尔林商会，就会令人想起最近的雷曼兄弟引发的次贷危机，这或许应该说是"历史的重演"。总之，19 世纪 70 年代以后，英国的地基已开始出现相对下沉。

而且，在全球经济不景气的情况下，德国和美国以重工业和化学工业为重心开启了所谓第二次工业革命。但是，英国却没有跟上趟。

为什么英国会在第二次工业革命中落后呢？很多人认为是因为第一次工业革命。无论在社会层面还是经济层面，一旦形成一个系统，要进行系统更新就需要资金，所以这是很难做到的。有人认为电力机车就是只要给那些正在运营的蒸汽机车拉上电线，实现电气化就完事了，但现实并非如此。例如，蒸汽机车行驶时需要给机车锅炉加煤的助手，这些人由于有自己的工会组织，所以很难被解雇。因为有这类因素存在，所以简而言之更新变成了极为困难的事。我不知道这样的说明能在多大程度上解释清楚这个问题。

近年来，我本人不太愿意按照第一次工业革命发生在英国，第二次工业革命发生在德国和美国，而英国没能实现第二次工业革命这样的框架去思考。

之所以这么说，是因为按照现在的第一次工业革命和第二次工业革命的标准来看，英国有第一次工业革命，德意志、法国、美国也有第一次工业革命。但是，几乎没有关于德国第一次工业革命和美国第一次工业革命的研究。高中的教科书上虽然有关于美国工业革命开始时间的表述，但也存在从美英战争开始等多种说法，不像英国那样明确。我认为以"国民国家"为单位来把握历史，预设"国民经济"的阶段性发展的历史观，也就是所谓的"一国历史发展阶段论"本身就是问题所在。

如果以类型学（Typology）来划分，不如说德国是一个没有第一次工业革命的国家。如果把所谓的第二次工业革命看作是德国的工业革命的话，德国的重化工业从一开始就很发达（当然在那之前，德国一直在模仿英国发展纺织业），而美国也迅速发生了以重化工业为中心的工业革命。这样看来，英国没有第二次工业革命是理所当然的，就像美国没有明确的第一次工业革命一样。

在世界体系发展到一定程度时，出现了英国式的工业化，然后到了 19 世纪末，德国和美国式的工业化可以说是在世界范围内出现的。没有成为后一种工业化中心的英国必定无法像美国和德国那样受人瞩目。

虽然对这个问题的讨论我自己也还没有完全考虑好，但是我不是说"德国的工业革命"发生在 19 世纪 30 年代，而是说到了 19 世纪下半叶，世界经济进入了以重化工业为中心的时代，而德国就以这种形式工业化了，这样表达也许会更清晰一些。

总之，19 世纪 70 年代中期以后，德国和美国开始蓬勃发展，俄国和日本也开始崛起。从日俄战争时期开始，日本也被认为开始了工业革命，各个国家都在推进工业化，英国的绝对优势地位也逐渐消失。

作为对这种情况的反应，英国国内类似"德国的威胁"的呼声日益高涨。如果德国崛起，英国就危险了，这和中国崛起，日本就危险是一样的道理。之所以没怎么提到美国，是因为在英国人对历史的理解中，认为美国与其同样是盎格鲁-撒克逊国家——虽然这本身是违背事实的看法。不管怎样，这也是第五章将要叙述的关于英国"衰退之争"的开端。

"衰退之争"正式开启于 19 世纪 70 年代。导火索是由英国国内对德国重化工业的发展感到威胁的人们最先点燃的。关于美国，法国社会学家阿列克西斯·德·托克维尔（Alexis de Tocqueville）等人早就曾写过，美国是一个与欧洲性质相当不同的社会，是一种威胁。但是直到很久以后，英国才意识到美国已成为一种真正的威胁。与此相对，强调英国与美国的"特殊关系"才是其众所周知的外交思路。

然而，迫在眉睫的威胁是德国，两国之间正在展开所谓"造舰竞赛"等竞争。另一方面，越是追求自由竞争，英国的地位就越难保持原有的高度，出于这样的认识，约瑟夫·张伯伦这样的政治家才会出现，提倡"帝国特惠关税"。在英国保持绝对优势的时候，英国的经济学家自亚当·斯密以来一直主张自由贸易。而在德国，则产生了强调英国和德国历史发展阶段的差异，提倡保护主义的"历史学派"。由于此时英国已不再是经济上具有压倒性优势的强国，因此，张伯伦的团队便试图站在与过去德国经济学家相同的立场上。

然而现实中，仍然坚持自由贸易主张的伦敦城金融势力——"绅士资本主义"——的政治力量依然强大，使张伯伦的"财税改革运动"未能取得成功。很多学者认为，英国经济正是因此才会走向彻底崩溃的。这就是"衰退之争"中的"伦敦城凶手说"。但关于这一点，我将另起一章来介绍。

第五章

英国衰退论
——太阳又升起来了吗？

"德国的威胁"

19 世纪末，德国和美国的经济日趋活跃，俄国、日本、意大利等许多国家也开启了工业化进程，英国的相对优势正逐渐丧失。

英国由于德国的崛起而受到威胁，地位正在变得岌岌可危——这类论调也是于 19 世纪末开始出现的。具体来说，这与企图通过特惠关税将帝国版图打造成受保护的市场的"张伯伦运动"（Chamberlain Campaign）有关。但是，由于张伯伦一派在政治上的失败，"帝国特惠关税"始终没有开征，自由贸易政策一直延续到第一次世界大战爆发的 1914 年。

在第一次世界大战爆发前夕这一时点，英国经济事实上真的已经开始"衰退"了吗？ 现在的研究人员普遍认为，当时的英国只是因为德国的崛起而陷入了一种恐慌状态，英国经济本身并没有衰退。

特别是伦敦城，当时非常繁荣。有人认为伦敦城也在衰退，但伦敦城并没有衰退，这一点在很大程度上得到了实证支撑。 譬如，伦敦城衰退论的根据之一是伦敦城内企业数量减少，但也有反对的观点证明个别企业规模在变大。此外，虽然伦敦城的雇员没有增加，但这并不意味着经济活动的减少，因为金融和信息是伦敦城的主营业务，只要一个电话就可以与世界做生意。一般认为，直到第一次世界大战以前，伦敦城都非常活跃。虽然其经济活动的重点从商业，也就是实物交易向金融业的进一步转移，这一点很明显，但似乎还不能就此断言发生了整体性的衰退。

当然，英国的制造业是否也很健康是个问题。总之，在第一次世界大战之前人们普遍认为，与其他国家相比英国仍然保持着一定程度的经济优势。之后，发生了俄国革命和大萧条，再之后是第二次世界大战的爆发，所以英国的政治和经济一直都在左右两条道路之间摇摆，问题是如何看待第二次世界大战后的英国经济。

迈向福利国家之路

20 世纪 50 年代中期，英国迎来了复兴景气，并在这一时期接纳了大量外国劳工。具体来说，英国主动引进了来自意大利及东欧波罗的海地区等地的欧洲移民作为住宅建设所需的劳动力。那是一个很少有人谈论"衰退论"的时代。例如，虽然粮食状况比战争期间更加恶化，配给制度更加强化，但社会上普遍还是有一种战争结束的安心感。根据战后复兴和第二次世界大战初期提出的《贝弗里奇报告》，英国政府以"从摇篮到坟墓"为口号，开启了迈向福利国家的发展道路，这也是一个对前途充满希望的时代。

衰退论的正式出现

但是，到了 20 世纪 50 年代末到 60 年代初，出现了一种新型的衰退论。从这个时候开始，关于衰退论的讨论开始正式展开。20 世纪 60 年代后半期到 70 年代初，围绕英国衰退的讨论变得活跃了起来。英国怎么在世界上衰落了呢？在历史学家、政治家乃至文艺评论家的层面，探寻英国衰退原因的话题不断出现，并在更广泛的范围内成为普遍的话题。最大的问题是，英国的经济增长率明显低于其他发达国家。

但是，在英国人看来，如果仅仅是美国经济在二战后发展得非常顺利，可能还没什么问题，因为美国的发展历来没被英国视为威胁。但现实是，作为战败国的德国也创造了"西德奇迹"，这对英国人来说是相当严重的。眼见战败国德国正在如火如荼地发展经济，而英国经济却没有什么起色。在此过程中，另一个战败国日本也实现了经济高速发展。在两个战败国取得的巨大发展面前，英国几乎毫无亮点。不仅如此，与法国等欧洲大陆主要国家相比，英国经济的增长幅度也很低。

虽说也有部分较为冷静的观点指出，英国经济的增长率并不是负数，但与其他地区相比，增长率确实很低。

第二次世界大战之后，英国便以福利国家为发展目标。工党自不必说，保守党也一样，如果不宣称充实福利的话就会输掉选举，所以两党都不可能否定福利国家路线。但是，如果想让福利更加充实，就必须投入巨资，然而对政府来说这是无源之水。因此，从英国的经济增长率比其他国家低，故无法实现福利国家这个角度来说，衰退论和危机感便如影相随。可以说，这与"福利国家"政策本身就是"英国衰退"的原因这一"反福利"路线只有一步之遥。

除了这种以经济增长率为论点的衰退论之外，还有一种更加关注政治、军事方面的衰退论，可以被称为"大英帝国衰退论"。有关这方面的先导性讨论，从 20 世纪初便开始了。

关于英帝国的巅峰是在什么时期，虽然历来都有不同的看法，但目前大多数人都认可是在 1932 年前后。这一年，大英帝国根据《威斯敏斯特宪章》变身为"英联邦"（British Commonwealth），实现了经济一体化。换句话说，以 1929 年的"大萧条"，即纽约爆发的金融和经济大危机为媒介，张伯伦的愿望终于得以实现。但是，大英帝国变为英联邦，也意味着英国单方面控制其他地区的帝国形态已无法维持。

这种趋势表现在第二次世界大战后印度和巴基斯坦等许多旧殖民地纷纷独立的大势之下，连"British Commonwealth"中的"British"这个形容词都被去掉了，仅剩下"Commonwealth"，消除了本国和殖民地之间支配与从属关系的痕迹。不仅如此，最近一些原本不是英国殖民地的非洲国家也加入了英联邦，使英联邦逐渐成为与昔日大英帝国截然不同的组织。

苏伊士撤退——"国际存在"收缩的开始

20 世纪 50 年代后半期，英国撤出了苏伊士运河区。从苏伊士撤退是英国开始减少"国际存在"的象征。英国当时的想法是将维持中东秩序的责任让给美国。那么英国撤出后，美国为什么要承担这个"责任"呢？如果不考虑石油资源等问题应该是无法理解的。但不管怎么说，这无疑是一种以欧美列强的利益为前提的讨论。

1960 年被称为"非洲年"，在此后的整个 60 年代中，非洲的英属殖民地一股脑地宣布独立，使曾在世界范围内拥有广泛宗主权的英帝国只能缩在国内。其实，这种现象早在第二次世界大战刚结束不久便已有预兆。

最近，我在英国人的研究中发现了一些非常有趣的东西。1851 年，英国举办了一次大型博览会，后来被认为是世界博览会的开端。这次博览会汇集了来自世界各地的珍稀物品，在伦敦的海德公园设立了一个巨大的全玻璃会场，将这次博览会作为英国向内外展示掌握世界经

作为 1851 年博览会纪念品出售的棉质印花手帕

济霸权、实现"英治和平"的历史性事件。

一百年后的 1951 年,也就是二战结束后的第六年,为了纪念那次大型博览会举办一百周年,泰晤士河附近又举办了新的博览会。这个被命名为"英国节"(British Festival)的博览会与一百年前不同,在世界范围内知名度并不高。这是因为此次博览会与一百年前试图展示大英帝国实力的宗旨完全不同,是为了展示战后英国的精神风貌而举办的。这是一次从一开始就面向国内,旨在倡导英国人团结起来,向福利国家迈进的博览会。

从苏伊士、非洲撤出,与美国易位,乃至这一博览会的举办,这些客观事实都很容易被看作英帝国衰落的证据,看起来也没有太多异议的余地。

不过也有人认为,这种现象并不能作为衰退的标志。有一位出身于著名传记作家家族,名叫约翰·斯特雷奇(John Strachey)的工党理论家,在我的学生时代,旧书店里到处都是他的名著《帝国主义的末日》的译本。我想在日本看过这本书的人肯定不少。书中的主要观点是,英国虽然失去了帝国,但反而因此减轻了负担,恢复了元气。作者试图消除英国人中强烈残留的怀念从前大英帝国繁荣的怀旧情绪,即大英帝国衰落论,并表达了比起"国际存在",更应该转向国内福利国家建设的立场。

帝国扩张过度了吗——双重结构

关于帝国体制与衰退论的关系,原军人家属以及曾在帝国殖民地生活过的人多从经济角度加以论述，但也有完全相反的意见，认为英国衰落的原因正是在于帝国体制本身。

这种意见认为，英国想要控制全世界，但这是与国力不相符的过度扩张。为了控制世界，英国在经济上反而变得脆弱。当国内亟须投资的时候，资金却流失用于维持帝国统治，无法进行最重要的投资。与英国相反，主要在国内进行投资的德国和日本则获得了迅速发展。

但这并不是什么全新的想法。早在 20 世纪 50 年代末发起衰退论的 A. 肖恩菲尔德（A. Schonfeld）的立场就是如此的。他认为对帝国的投资主要是伦敦城以融资的形式进行的，因此可以把它与伦敦城对中部和北部地区的国内工业不怎么进行投资的问题放在一起考虑。

针对肖恩菲尔德将问题归因于"国际存在"方面，同一时期的 M. 香克斯（M. Shanks）则提出，英国人的保守性才是导致英国衰退的原因。他认为英国人是不会在经济上进行创新了，其中一个原因就是工会势力强大，反对一切改革。这两人成为了第二次世界大战之后初期衰退论的代表。他们之间的争论也成为此后持"衰退"立场的研究者的理论基础。

作为香克斯观点的变体，中左派的科学史学家 C.P. 斯诺（C.P. Snow）曾做过一个产生广泛影响的讲座。斯诺认为，英国的问题在于不重视科学技术，只重视文学、艺术。这与主张不需要法语的东京都知事石原慎太郎的意见非常相似。无论希腊语和拉丁语在文化上有多大用处，当英国致力于传授古典语言的时候，德国和日本却在推进技术革新。接下来，教育问题便成为衰退论的核心而受到关注。

话说回来，不管采取什么立场，这种英国衰退论在政治家中都非常受欢迎。保守党和工党都采用了这种论调。虽然他们对造成衰退的原因理解各不相同，但每当组建新内阁时，他们都会重复英国正在衰退，所以需要我们执政来挽救英国这样的论调。

"过早到来的资产阶级革命"

到 20 世纪 60 年代末，衰退论越来越盛行。最开始是学术领域的讨论，其中交锋最激烈的是历史学领域。也许有人会感到意外，在历史学的世界里，最早提出英国衰退论的是马克思主义者。

在左翼阵营中，属于旧左翼的霍布斯鲍姆以及新左翼的历史学家佩里·安德森和汤姆·瑞恩都提出了一个问题，为什么世界上最早实现市民革命和最早完成工业革命的资本主义国家英国，今天却走向了衰落？他们试图在马克思主义的框架下给出答案，并得出一个结论，那就是英国的"市民革命和工业革命都出现得太早"。

英国市民革命（"资产阶级革命"）是指 17 世纪中叶的"清教徒革命"，尽管在英国称其为"革命"的人其实并不多。在马克思主义者中则一般是指发生在 1688 年即同一个世纪末的光荣革命，并认为这场市民革命过早到来了。

市民革命本应是把资产阶级也就是资本家的活动从封建束缚中解放出来的革命，但 17 世纪的英国还没有近代工业。因此，问题是当时是否存在典型的资产阶级？当我们深入研究所谓的清教徒革命和光荣革命，并调查成为革命议会议员的人时，没有发现一个产业资本家。当时的英国恰恰不允许产业资本家，按当时的说法也就是制造商等人成为国会议员。国会里基本上只有地主和从事专门职业的绅士，最多加上被视为"拟似绅士"的进出口商等大商人和金融业者，正是这些人在操控中央政治。也就是说，这是绅士阶层当政的国家，国会议员中不可能有产业资本家。

相反，反对马克思主义阶级史观的学者们很早就明白，无论怎样查证当时那些议员，都不可能找到称得上是产业资本家的人。因此，一些新左翼的历史学家主张，英国市民革命是"代理革命"，即虽然成为国会议员的都是绅士，但他们是代表产业资本家的利益来执行政策的。但这也是相当牵强附会的。战后日本学界已经普遍同意，把所谓的清教徒革命看作是产业资本家和地主等传统封建势力的斗争是没有道理的。

由此可见，17世纪不存在产业资本家意义上的"资产阶级"。那么，英国的"资产阶级革命"究竟是什么呢？在许多新左翼人士的理解中，17世纪被称为"资产阶级"的人实际上就是构成英国议会的"绅士"们。虽然不能说他们是产业资本家，但毕竟是与封建贵族不同的人，也可以说是还未彻底成为资产阶级的资产阶级吧，英国"资产阶级革命"正是以这些群体为中心势力的革命。实际上，这正是R.H.托尼的研究出发点，他曾致力于以伴随宗教改革发生的修道院解散等事件为契机，将在所谓"清教徒革命"之前的一个世纪里因"资本主义经营"而兴起的"绅士"与无法适应时代而没落的"封建贵族"进行比较。

战后日本历史学一直告诉我们，英国的革命发生得很早，是市民革命的典型。在英国，也曾有像青年时期的克里斯托弗·希尔（Christopher Hill）一样持类似想法的历史学家。但这些观点在本质上都是错误的，可以说，这是一场在资产阶级还没有完全成型的时期发生的资产阶级革命。因此，反而变成了一场非常不完整的资产阶级革命，是一场"拟似绅士阶层的资产阶级革命"。

由于这个体制被固定下来，所以一直到现在，英国社会都还没有完全成为资产阶级社会。资产阶级革命还没有充分发生，这就是新左翼的历史学家所主张的英国市民革命论。

不过，这个理论有一个默认的前提，就是认为与英国相比，法国革命更符合"典型的市民革命"。法国在经济发展上从未领先世界，因此这个前提本身也显得有些牵强。尽管如此，这种"过早"的"不完全"市民革命的观点，后来在玛格丽特·撒切尔等新自由主义者为了放宽"政府"的限制，扩大资本家和企业活动的自由所进行的强行"改革"时，也被拿来加以利用。

"过早的工业革命"

一段时间以后，关于工业革命也发生了类似的讨论，出现了为什么工业在英国发展不好的问题。就算被美国超越是没办法的事情，为什么会被德国、日本超越，日本的汽车更出名是怎么回事，诸如此类。我认为这是因为英国在还没有各种技术的时期，也就是只能发生第一次工业革命的时期，发生了工业革命。一旦工业革命完成了，第二次工业革命实际上就很难发生了。德国、美国和日本都是后来才开始的工业革命，所以一开始就是第二次工业革命。当第二次工业革命在德国和美国爆发时，第一次工业革命已经定型的英国却没能迅速转变，使得英国的社会、教育、技术、产业结构等一切都变得"陈腐化"。曾经形成的各种制度和框架不可能突然转换，这也将决定以后的历史发展，这种观点在非马克思主义者的被称为"制度学派"的研究者群体中也被称为"路径依赖"。

不管怎样，霍布斯鲍姆和新左翼的马克思主义史学家们认为，英国过早地进行了资产阶级革命和工业革命，所以形成了一种非常陈旧（古风）的形态，并且已经固定下来。之所以说其陈旧，是因为其残留着非常浓厚的地主也就是绅士式的价值观色彩。这一点在历史学界已经得到了广泛的认可。

《英国产业精神的衰退》——衰退论的顶峰

20 世纪 70 年代，日本出版了一本名为《英国史研究》的打字机打印的刊物。出版这本刊物的是我的老师越智武臣先生、东京的松浦高岭先生和今井宏先生的研究团队。我也是研究团队成员之一，刚才提到的观点也在杂志上被介绍为最新的市民革命论。总的说来，"英国史研究"的成员都是些试图提出与日本战后史学主流派不同主张的人。

之后，与我年龄相仿的马丁·维纳（Martin Joel Wiener）出版了一本专著（1981 年），后来由原刚先生以《英国产业精神的衰退》（劲草书房）为名翻译引进。

这本书本身是作为一本学术书来写的，却成为了一个使相关讨论世俗化的转机，在大众文化界引起了强烈的反响。我认为原先生的翻译也非常好。在英国，它是一本热门畅销书，作者甚至经常收到中小企业社长支持者的来信。

维纳认为，英国经济界的绅士价值观非常强烈。这造成工业革命虽然使产业资本家拥有了一些经济力量，但他们还是没有政治力量。而且到了 19 世纪 50 年代左右，这一趋势又发生了重大变化，原本从事制造业的产业资本家转向依靠借贷资产的利润生活，也就是变成了以伦敦城的金融业绅士们为中心的资本主义。

纵观英国经济的整体状况，在商品的进出口贸易方面，英国处于绝对的逆差状态。国际收支很难保持顺差，顶多是平衡，但利息收入、海运、保险等关键行业的收入却有很大的顺差。因此，其作为"世界工厂"的地位在 1850 年左右实际上已经消失，实物交易中也出现了巨大的赤字。

这样一来，相对于制造业也就是"实体经济"，英国经济更依赖于金融、信息等虚拟产业的"绅士"倾向就更加强烈了。一般认为绅士都是地方的地主，但以 19 世纪中期为界，绅士的核心转移到了伦敦城，甚至出现了想看绅士就去伦敦城的现象。伦敦城中戴着圆顶礼帽、身穿黑色衣服的男士是绅士的典型，而在乡间打猎的绅士形象则退居后景。可以说，伦敦城变成了偏好旧绅士价值的地方。

而且，正因为绅士倾向的伦敦城拥有了压倒性的政治力量，为了保护制造业而制定特惠关税的张伯伦运动才没有成功。贯彻自由贸易主义，将资金融资给世界上借款额最高的地方并收取利息，伦敦城的这一理念最终取得了胜利。此后，这种绅士的价值观也贯穿了整个英国历史。从某种意义上来说，迈向福利国家的道路是一种将慈善视为必要条件的古老绅士意识形态的表达。

制造业不受重视的氛围也体现在大学毕业生的就业上。牛津大学和剑桥大学毕业的人是不会去制造企业工作的，这是被誉为诺贝尔奖候选人的经济学家森鸣通夫在《英国和日本》（岩波新书）中写到的。森鸣先生在伦敦大学常年执教，对英国社会的印象是，从顶尖大学毕业的人可能会进入证券公司、保险公司、银行，但不会进入制造业。我过去听一位从东京大学经济学部进入野村证券的人说过，他曾经被亲戚开玩笑地说，从帝国大学①的经济学部毕业以后不会就当个"股票经纪"吧，这一点英国与日本相映成趣。

在英国"股票经纪"是高高在上的，长久以来一直有种说法，那就是如果染指制造业，就会丧失绅士的资格。我发现在工业革命开始

---

① 东京大学原名为东京帝国大学。

之前，北部地主绅士的次子、三子中，也有人毅然尝试成为制造业者的学徒，但最终大都因无法忍受与自身家庭完全不同的生活环境而逃亡。现在这种反制造业的价值观得以复活，正在从公立学校蔓延到名为牛津、剑桥的教育机构。在那里，希腊语、拉丁语等人文主义修养受到非常高的评价。外交官考试和公务员考试对这类人文学科的修养也极为重视。但如果和诞生出麻省理工学院（MIT）的美国在技术领域竞争，结果当然会输。以上是马丁·维纳的观察。

看过他书里的内容以后，我有一种我们在同一时空共同讨论同一件事的感觉。姑且不论这些，这本书出版后，英国的衰退是绅士价值观的问题这一观点变成了一种社会现象。绅士价值观主要在于推进福利国家和重视工会，另一方面也有不重视科学等问题的一面，总之不符合经济理性主义。整体而言，这种价值观并不符合经济发展的需要。维纳认为，英国的经济衰退正是英国文化的问题。

马丁·维纳的书有个副标题，叫"文化史的批判"。总之，他认为英国人的古板、土里土气的文化和价值观有问题。虽然什么都能制造，但却没有什么专业人士（专业人士不能成为绅士），过于追求教养的广泛，在大学里只进行博雅教育，认为只要掌握了希腊语、拉丁语的人应该就能走上社会，这种想法是错误的。

可能由于维纳是美国人，所以才会提出这些观点。但是，这些观点受到了所有开始萌生自卑感的英国人的欢迎。据维纳后来回忆，当时他收到了很多支持者的来信，写信的人并非大学老师或历史学家，而是中小企业的经营者，这种情况也是合乎情理的。

《未曾衰退的大英帝国》——鲁宾斯坦对维纳的批判

实际上有很多人参与了这场讨论，下面我再介绍一位出版了《未曾衰退的大英帝国》（1993 年）一书的 W.D. 鲁宾斯坦（W.D. Rubinstein）。他也认为英国经济的本质是绅士资本主义，这一点与维纳完全相同。绅士原本就是地主，但以光荣革命为分界线，英格兰银行的创立确立起了金融市场，使国债发行变得容易起来。"财政革命"完成后，从事国债、抵押证券等证券投资的人便开始逐渐增加。英国在向国民征收重税的同时，将税收的九成以上用于支付战争费用或过去战争中积累的国债利息，呈现出"财政、军事国家"的面貌。尽管如此，由于与法国的战争连战连胜，政府得到了从中获利的贸易商和殖民地相关人士，甚至国债持有者们的支持，社会上对重税的不满并没有浮出水面。

由此，以证券投资为主要收入来源的富人出现了。但这些人在 18 世纪初还被称为"放贷者"，并不被视为真正的绅士。但是，在工业革命之后的 19 世纪中期，这种评价完全逆转，甚至认为比起真正的地主绅士，伦敦城才是绅士居住的地方。伦敦城就这样成为了绅士价值观的保留地，鲁宾斯坦如此解释。

但是，问题还在后面。鲁宾斯坦认为，伦敦城的金融界保留住了绅士资本主义，而且在 20 世纪后半叶的今天，伦敦城依然充满活力，依然是世界的金融中心。因此，英国经济并没有衰退，这样对衰退论的炒作是很奇怪的。

鲁宾斯坦认为，英国衰退论是以英国是最早发生工业革命的工业国家为理论背景的。但是，对于英国经济、英国文化来说，工业化实际上只是一个短暂的历史插曲，并不是本质。英国的经济社会本质是绅士式的，这一点现在已经体现在伦敦城上了。他认为，只要伦敦城的金融业健康，英国就没有任何需要担心的地方。鲁宾斯坦也讨厌日本，所以他提到了当时正处于高度增长时期的日本，并做出了一个很"了不起"的预言，即日本很快就会没落。

英国经济的本质并不是产业资本主义，而是绅士资本主义，即通过将资产借给他人而获得利益的地主、金融资本，这个学说在此之后也在 P.J. 凯恩（P.J. Cain）和 A.G. 霍普金斯（A.G. Hopkins）的合作研究中承继下来。这两位学者共同揭示了英国的"国际存在"是由伦敦城的绅士资本主义维持的。

什么是撒切尔改革

无论是维纳、鲁宾斯坦，还是凯恩、霍普金斯所进行的，都是在历史学上也就是学术上的讨论，但衰退论同时也被几乎所有的政治家所用，不分左翼还是右翼。特别是撒切尔夫人彻底利用了这一理论。撒切尔夫人说，工会势力过于强大又倾斜于福利的这个国家正在衰退，所以要重新进行"资产阶级"革命，主张以所谓的新自由主义经济学为基础，践行彻底的经济理性主义。放松管制、民营化等，都是我们在 2000 年以后的电视等媒体上经常听到的令人讨厌的话，其意图是彻彻底底地贯彻经济理性主义，发展工业。如果能够进行这种改革，英国工业就会得到恢复和发展。为此，改革的痛苦被认为是理所当然的，不但英国工会被削去了骨头，英国的大学也被迫"改革"，遭受了巨大的打击。现在日本的大学也可以说受到了这个潮流余波的伤害。

总的说来，在 21 世纪的当下回顾撒切尔改革，应该对其如何评价呢？英国工业完全没有恢复起来。然而，虽然经历了种种阵痛，但由于"金融大爆炸"的出现，伦敦城确实恢复了活力。撒切尔改革后，最让人振奋的莫过于伦敦城金融业的繁荣。这也是其最受人们重视的成果，得到了"太阳再次升起"的评价。

请大家回想一下第二章中提到的"配第法则"。17 世纪，西欧经济水平最高的是专注于金融等第三产业的荷兰。原本以制造业见长的英国，在那之后也开始效仿荷兰专注于金融业。如果撒切尔夫人通过特别强化金融，使 20 世纪的英国恢复了活力，那不是"太阳再次升起"又是什么呢？

但是，这里出现了一个严重的历史学问题。伦敦城是"绅士价值观"的保留地，"绅士资本主义"与经济理性主义应该是不相兼容的。伦敦城是从什么时候开始成为经济理性主义之巢的呢？是金融大爆炸使然吗？如果是这样的话，作为英国历史支柱的绅士资本主义就和撒切尔夫人一起湮灭了。难道就像撒切尔夫人所宣称的那样，一个发生了"过早的资产阶级革命"的国家终于要经历真正的"资产阶级革命"了吗？

在这个问题上历史学界的观点也是多种多样的。伦敦城的恶评由来已久，尽管它通常被视为是绅士的，但有一项研究详细地指出，当金融危机发生以及丑闻发生时，如前文提到的发生于 19 世纪末的"贝尔林恐慌"——由经营商人银行的贝尔林兄弟商会引起的经济危机，将伦敦城、金融家、坏人三者划等号的理论就会出现。

衰退不过是幻觉吗

还有一点，伦敦城虽然变得活力四射，但活跃在那里的都是外国人，甚至说其已经不是英国的一部分了也不为过，这种现象也被称为"温布尔登现象"。温布尔登是伦敦郊外有名的网球赛场，但很长一段时间没有英国人在温布尔登网球公开赛中夺冠了，伦敦城的情况与之类似。换句话说，伦敦城自身从绅士资本主义向新自由主义的转变过程，或许与温布尔登现象一样，同时也意味着其走向了全球化。

在次贷危机之前，日本经济新闻社曾出版过一本集结其驻英记者报道的书，书中也强调了伦敦城金融发展的健康，认为英国经济已经基本复苏。这并不是日经记者们独有的见解，在上述背景之下，从 20 世纪末到 21 世纪，甚至在历史学界，认为英国实际上并没有"衰退"的意见也占了绝对多数。

例如，如果把经济增长率绘制成图表，就会发现欧洲大陆经济在持续增长，日本经济在某个时期开始迅猛增长，同时美国经济也在增长。在这种情况下，人们会认为英国的经济增长很低。但是，表示经济增长的图表，根据起点的不同，给人的印象也会发生变化。例如，如果不是从第二次世界大战后开始计算，而是以 19 世纪中叶为起点的话，英国的增长率始终处于前列，与其他欧洲国家相比，经济增长并不逊色。所以如果换一个时期进行统计，就会发现英国的衰落不过只是幻觉。大致说来，在两百年左右的时间跨度里，西欧国家或早或迟实现了几乎同样的"增长"，因此，尽管存在各种各样的问题，但欧盟和欧元还是得以建立。

因此，除了将"衰退"视为统计处理上的幻觉外，还出现了一种极为感性的观点。具有神职人员身份的历史学家乔纳森·克拉克（Jonathan Clark）把 18 世纪的英国比作法国社会革命前的"旧制度"，主张历史的因果关系没有必然性，一切都是偶然的观点，并认为"衰退论"只是世纪末经常出现的情绪的一部分。早在 20 世纪，他就已经提出这些论点。总而言之，"衰退论"是英国人的集体幻想，所谓衰退的情况是根本不存在的。诚然，正如本书前文所述，"衰退论"最初出现在 19 世纪末，宛如一种世纪末现象，而到了 20 世纪末"衰退论"又再次现身。克拉克预言，这才是"英国衰退论"的真相，到 21 世纪一定会消失。我感觉不到克拉克的论点有任何逻辑性，但从某种意义上说，他的预言似乎应验了。进入 21 世纪后，史学界的风潮显然是朝着"英国没有衰退"的方向发展的。

"衰退感"

巴里·萨普尔（Barry Emanuel Supple）是我非常关注的经营史学

教授，他在退休纪念演讲中提出了"英国没有衰退"的观点。萨普尔本是一位历史学家，在我第一次着手研究英国近世史的时候，他正在运用凯恩斯经济学等方法，对17世纪初英国的毛纺织品出口进行划时代的研究。对我来说，他是我成为历史学者的引路人。后来，我有很长一段时间都在战后英国新型大学的典型代表萨塞克斯大学从事经营史的研究。在此期间，萨普尔在"英国没有衰退"这一观点的基础上，同时提出了"衰退感"的概念，这也成为了萨普尔理论的核心特征。

萨普尔提出的问题是，人们的欲望是不断扩大的。这正是前面提到的"增长偏执"，即经济指数必须不断上升。虽然有必须提高生活水平的欲望，但与此相对应的经济增长却很难实现。萨普尔教授认为，这就是英国人产生"衰退感"的原因。我觉得事实也许正是如此。

历史上的"衰退"是什么

但是，讨论到这一步，问题终究回到历史上的"衰退是什么"，反过来也可以说是"成长是什么"的问题。是否存在衰退，取决于如何定义衰退。从历史上的衰退来看，罗马帝国的衰退是一个历史性的主题，爱德华·吉本（Edward Gibbon）在其18世纪的名著中也提到过这个主题（当时并不是世纪末）。

另一方面，历史学家中还有一种略带文学性的观点，认为衰退也是一种美丽。荷兰历史学家约翰·霍伊津哈（Johan Huizinga）撰写的名著《中世纪的秋天》就是如此。像这样描写衰退时代的名著有很多，但大多是文化史方面的，经济史方面尚无描写衰退的名著。虽然说经济史学和经济学学者都不研究衰退有点过于武断，但确实没有一本经济史名著是以"衰退"为主题的。我不太喜欢写经济收缩的经济史，也没太听说经济学会研究如何使经济收缩。虽然有"螺旋式通货紧缩""缩小再生产"等术语，但实际上都没有涉及历史如何发展的问题。

让我们试想一下，比如 16 世纪非常繁荣的威尼斯，到 17 世纪就衰落了。虽然也有描述威尼斯经济衰退的书，但衰退之后的结果是怎样的呢？17 世纪的威尼斯人比 16 世纪的威尼斯人更不幸吗？这样的内容是没人讨论的。

因为一般认为，西班牙和葡萄牙在近世初期开始对外发展，但不久就被法国、荷兰、英国超越。但是，被超越的西班牙人和葡萄牙人并没有陷入不幸，也没有回到过去中世纪的状态。

对我们来说问题在于"增长偏执"的存在，因此，事实上通常所说的衰退并没有那么悲惨，这是我从事多年历史研究得出的结论之一。

同样的情况也适用于荷兰和美国。荷兰在 17 世纪非常繁荣，但后来被英国超越，成为战后史学研究的主流课题。很多人从中总结了"教训"，认为不能再模仿只从事转口贸易的荷兰。但是，被认为"衰退"的 18 世纪的荷兰人是否变得不幸了呢？

按照上述思路，我开始觉得现在在历史哲学领域，最有趣的问题可能是"增长偏执的起源"及其所扮演的历史角色，以及我们如何看待这一点。这已经成为我当前的研究方向。

英国是否出现过衰退——基础数据

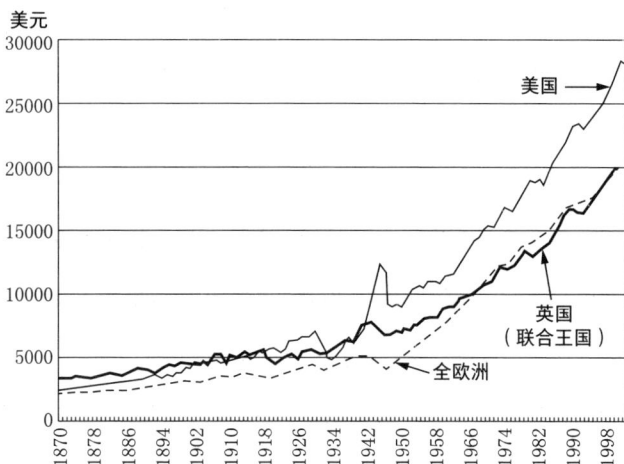

图 1　英国、美国和全欧洲的经济增长

注：“全欧洲”是包括英国（联合王国）本身在内，德国、法国、荷兰、意大利、奥地利、比利时、北欧诸国等十二个国家的平均值。以 A. Maddison（*The World Economy*, OECD, 2003）的数据为基础。C.R. Schenk, "Britain's Changing Position in the International Economy", in F. Carnevali and J-M. Strange, eds., *20th Century Britain*, 2007, p.60.

【解说】以 1870 年前后为起点，英国的经济发展虽然不如美国，但并不逊色于“全欧洲”。不过，如果以 1950 年为起点错开来看的话，之后的表现就相当逊色了。从 1950 年起，英国与欧洲各国的差距已经完全消失（众所周知，直到 1815 年左右的工业革命时代，英国的经济增长率都很低）。

图 2　英国在世界产品出口中所占的份额

出处：F. Carnevali J-M. Stange，eds.，Ibid.，p.61。

【解说】英国在相当早的时间点上就已经失去了制造业的竞争力，不再是"世界工厂"。但其作为"世界银行"的作用则更加突出。

表 1　英国人均 GNP 增长率（年增长率）

1873—1913	2%
1924—1937	2% 强
1951—1973	3% 左右

出处：B. Supple，in *Economic History Review*，XLVII，1994。

【解说】仅就英国经济而言，即便在所谓"英国病"时代，增长率也没有明显下降。也就是说，不存在"绝对衰退"。

表 2　英国与欧洲其他国家的比较（年平均增长率）

年　代	欧洲主要 12 国平均值	英国（联合王国）
1890—1913	2.6%	
1913—1950	1.4%	
1950—1973	4.0%	2.4%[1]

续表

年　代	欧洲主要 12 国平均值	英国（联合王国）
欧洲经济的黄金时代		
1973—1993	2.0%	1.54%[2]

注：（1）在 16 个国家中排名第 16　（2）在 16 个国家中排名
第 12

出处：N.F R.C rafts，in *Economic History Review*，XLVIII，1995。

表 3　1950—1983 年经济增长率比较（年平均增长率）

英国（联合王国）	2.4%
美国	3.3%
欧洲主要国家	4.5%
日本	7.9%

出处：B. Supple，in *Economic History Review*，XLVII，1994。

【解说】从以上两张表格来看，英国的落后，即"英国病"是非常明
显的。也就是说，"英国的衰退"是"相对的"、比较而来的问题。

表 4　主要国家的经济增长
（国内生产总值按地区和国别的增长率：1820—1997 年）

（年率，%）

	1820—1870 年	1870—1913 年	1913—1950 年	1950—1973 年	1973—1993 年	1992—1997 年	1820—1992 年
西欧（12 国）	1.7	2.1	1.4	4.7	2.2	2.0	2.2
欧洲其他地区（13 国）	1.4	2.2	1.7	5.1	0.5	—	2.1

	1820—1870 年	1870—1913 年	1913—1950 年	1950—1973 年	1973—1993 年	1992—1997 年	1820—1992 年
北美等（4 国）	4.3	3.9	2.8	4.0	2.4	3.1	3.6
亚洲（11 国家）	0.2	1.1	0.9	5.9	5.4	—	1.9
世界其他国家（56 国）	1.0	2.1	1.8	4.9	3.0	—	2.2
英国	2.0	1.9	1.2	3.0	1.6	2.9	1.9
德国	2.0	2.8	1.1	6.0	2.3	1.4	2.6
法国	1.3	1.6	1.2	5.0	2.3	1.5	1.9
美国	4.2	3.9	2.8	3.9	2.4	3.1	3.6
日本	0.3	2.3	2.2	9.3	3.8	1.4	2.8

注：1. 根据麦迪逊的估计。国内生产总值数据是将 56 个主要国家的实际值以 1990 年的价格进行推算，再以购买力进行平价换算后，总计得出的数据。

2. 西欧（12 个国家）为奥地利、比利时、丹麦、芬兰、法国、德国、意大利、荷兰、挪威、瑞典、瑞士和英国。北美等（4 个国家）为加拿大、美国、澳大利亚、新西兰。

3. 1992—1997 年是 OECD 的数据，只计算西欧（13 个国家）和北美的美国、加拿大。

出处：A. Maddison, *Monitoring the World Economy* 1820–1992, OECD, 1995, pp.180–183, 211. OECD, *Main Economic Indicators*（《经合组织主要经济指标》）, June 1996, p.13, Sep. 1998, p.19。

【解说】20 世纪 90 年代，英国的经济增长率开始显著恢复。上表出自大和正典：《欧洲经济的兴盛与衰退》，文真堂，1999 年第 4 页。

结　语

近代世界的历史形象

"乡下"与"都会"的问题

我讨厌农村的节日庆典。在历史学界开始流行社会史的20世纪70年代，一些盲目推崇"民众文化"的人将其称为"民众之力"的象征。但是对我来说，村祭只是乡村共同体排外氛围的象征。我认为那是不了解日本已经没有"乡下"这一点的城市人恣意的妄想。

太平洋战争末期，我家位于大阪今里，由于空袭的战火已经烧到眼前，家里只留下父亲一人，其余都"疏散"到母亲所在的大和高原贫寒的乡村里。当时我五岁左右，从那以后一直到高中毕业，我都是这个寒冷的村子里特别贫困的"疏散儿童"。每当被人问起故乡在哪，我总是解释说"就在柳生之乡的隔壁"，不过现在已经一半沉入水库之底了。

对我来说，提到这个故乡总是伴随着怨气，那是一个我不愿回忆的地方。村里还保留着包括入会权在内的许多共同体习俗，对于贫穷的"疏散儿童"来说，绝对不是一个舒适的地方。而秋季祭典只不过是让人强烈意识到村落封闭性的瞬间罢了。

另一方面，虽然我还有关于大阪的记忆，但在这个只有六个小学同学的村子里度过童年的我，上了奈良的高中后发现同班的"城市孩子"们格外耀眼。我大学以后的人生，一直到年近古稀的今天，都是在京都或大阪度过的，所以现在有点怀念那个小而整洁的奈良。但那时候，奈良之于我与大城市无二。

总之，对我来说，"农村与城市"，或者不如说"乡下与都会"的问题，一直在我心中徘徊。但是，即使是这样的问题，也不能单纯地作为一个国家内部的地方历史问题来处理，这也是我作为历史学家的信念。因此，本书不仅探讨了英国城市与农村的文化史，还探讨了城市与一个国家的经济发展，以及资本主义世界的整体动向等内容。从整体结果上看，如果能让读者以现代为出发点，通过回顾历史，勾勒出包括近世和现代在内的、广义上的近代世界历史图景，那将令我不胜荣幸。

此外，这本书既是近代经济史，又写了社会史，也涉及文化史，虽然类别上不是那么一目了然，但我不太喜欢过于明确地对历史进行体裁划分，本书这种形式最能代表我的研究兴趣。

实际上，这本书的基础依托于我近年来在各个大学里举办讲座的内容。这段时间，我本身工作的大学没有开设相关历史课程，所以比起历史学的严密性，我在做讲座时更注重所讲内容是否能够引起广泛关注。

由于我的讲座方式是不做讲义，只按照提纲进行自由研讨，所以这本书的直接原稿是我请了同事玉木俊明先生、旭川高专的根本聪先生、京都大学的西洋史研究生，以及一直以来承蒙关照的讲谈社现代新书的所泽先生四人担任听众，在七个小时左右的时间里一口气讲完，且所有内容都是由我单向讲述。我也几乎没看提纲，所以初稿多少有些重复和遗漏，但我尽量不做更改，因为觉得这样更能传达出自己的意图。我想其中必然会有一些存在记忆偏差的地方，还请各位读者多多指正。

世界上最初的工业化为什么发生在英国

尽管如此，在创作这本书的时候，我还是想到了几个错综复杂的问题。

第一个问题是，世界上最初的工业化为什么发生在英国。这也是一个经典问题。关于这个问题，学术界到目前为止，已经从为什么生产活动突然活跃起来的视角出发，围绕技术革新、资本形成、劳动市场等方面，进行过多轮讨论。但是在这里我想提出的疑问是，生产出来的东西被谁、为什么买走了？因为无法销售的东西就不能继续生产，这是众所周知的道理。

如果以此重新审视该问题的话，比起狭义的经济史，广义的社会史即对家庭形态和生活形态的研究显然更为重要。我们可以了解到工业化问题的本质其实是家庭结构的变化和城市化带来的生活变迁问题。其中，我们尤其可以看到当平民的生活基础从农村转移到城市之后发生了什么。在英国，这种生活文化的城市化产生于比狭义的工业革命

更早的时代，也就是通常所说的近世时代，我们甚至可以说这才是
"最早的工业革命"成立的前提。

要解读世界上最初的工业化进程，分析城市化现象是一个关键。
因为相关内容在其他地方已经被讨论得非常充分，本书就不再专门花
费篇幅进行赘述，但工业化是以世界体系为前提发生的，所以还是有
必要探讨关于奴隶贸易和殖民地的问题。但是，这些问题归根结底还
是会体现为庶民生活的变化，因此我始终认为从这个角度来解读工业
化问题是必要的。

工业革命的故乡与"英国病"

其次，对工业化的分析需要预见更远的未来。因此，第二个问题
是，作为"工业革命的故乡"的英国为什么会在 20 世纪下半叶成为
一个充斥罢工和失业的"英国病"的国家呢？虽然日本人对这段历史
不太熟悉，但在 20 世纪下半叶的英国，"英国衰退论争"在朝野盛行。
通过观察这个过程，我们可以看到很多对现在的日本来说很重要的课
题。因此，本书对这些争论也花了相当多的篇幅进行分析。

作为解答这个问题的一种思路，出现了被称为"文化史批判"的
广泛讨论，其主旨认为英国资本主义的本质是以伦敦金融业为代表的
"绅士资本主义"，但这阻碍了制造类工业的发展。从这种观点出发，
活跃于 20 世纪中叶的伟大历史学家 R.H. 托尼提出了"绅士阶层的崛
起"的假说，认为自 16 世纪以来，英国社会经济的本质基本上没有发

生变化。

话虽如此，后来关于英国是否衰退这一论争还是逐渐倾向于"衰退"不存在的说法，虽然我对其并不完全赞同。在这种情况下，重要的是英国经济，或者其他任何国家和地区经济的繁荣或衰退的标准是什么。

"英国病"和"英国衰退"的起因是英国的经济增长率相对低于其他国家，在这一点上所有论者意见几乎一致。但是，经济增长究竟是什么呢？它是否能决定我们生活的全部呢？还有"增长偏执"，即没有"增长"就会"衰退"，这种论调是从哪里以及从什么时候出现的呢？我想这也是远在工业革命之前的近世时期的产物。

实体经济与虚拟经济

然而，虽然"英国衰退"经常被归咎于伦敦城的金融资本，也就是绅士式的资本主义，但对于一个国家的经济增长来说，真正重要的究竟是制造业这样的实体经济，还是金融和信息产业这样的虚拟经济？这是我们的下一个视点。

英国经济具有很强的绅士性质，也就是食利者性质，我想这是客观事实。英国经济的基本特征也是所谓绅士主义的，这与长期统治帝国的经验息息相关，根深蒂固。

20 世纪 70 年代初，我在英国西南部旅行时，留下了一段极受震撼的记忆。

　　我住在西南部某镇的简易民宿（bed and breakfast）时，同住进来的有一位带着狗的高龄女性。一问才知道，原来她刚要换房子的时候，因为通货膨胀袭来而买不起房了，于是就开着一辆红色雷诺，带着一只大狗，在这样的旅馆里辗转度日。

　　不知不觉间，我有些同情她，但后来听到她的收入后，不禁哑然。她说："我们有南非钻石矿山的股份，生活上不会有困难。""投资证券，靠利息和分红生活"，这种人在英国似乎并不仅限于上流阶层的绅士阶层。而且，我在这个小插曲中，还窥见了另一个现象，那就是英国人的投资对象大多在其曾经的帝国殖民地。

　　如果仔细回顾"英国衰退论争"，就会发现随着撒切尔夫人的登场，伦敦城发生了巨大的变化。也就是说，以"金融大爆炸"为契机，伦敦城丧失了"绅士资本主义"所具有的保护者性质（paternalism），相反成为了新自由主义的据点。现在的伦敦城中应该已经没有人再追求人文主义的绅士形象了吧。所以，我想这将是各位读者和我本人今后都应持续关注的课题。

　　总之，如果不能同时关注到英国作为"世界上最早的工业国家"的崛起和20世纪下半叶出现的"英国的衰退"，那么作为历史解释恐怕就不太有说服力了。相反，同时观察这两种现象，对日本人来说有着特别的意义。现代日本出现过"高速增长"和"日本奇迹"，也经历了"失去的十年"，甚至还在被超过二十年的经济不振所困扰。虽然各方面的条件不是完全相同，但也是在极短时间内体验过了英国近世以来数百年所经历之事。如果这本书能让大家不再只是一字一词地对历史死记硬背，而是成为一个从整体上扼要把握历史全局的例子，那本人将荣幸之至。

向有进一步学习意愿的人士推荐

第一章

- 川北稔著:《洒脱者们的英国史——从骑士之国到绅士之国》,平凡社图书馆系列（ライブラリー）,1993 年。

- 川北稔著:《民众的大英帝国——近世英国社会与美国移民》,岩波现代文库,2008 年。

- 川北稔著:《英国近世城市的建立与崩溃——以利物浦为中心》,密涅瓦（ミネルヴァ）书房,1983 年。

- 川北稔著:《英国近世高龄者与寡妇——以"救济偏执"为前提》,前川和也编著:《家族·家庭·家门——工业化以前的世界》,密涅瓦书房,1993 年。

- P. 克拉克、P. 斯拉克著,酒田利夫译:《变貌的英格兰——1500—1700 年的城市类型与动态》,三岭书房,1989 年。

- P.J. 克菲尔特著,坂卷清、松冢后三译:《英国城市的冲击——1700—1800 年》,三岭书房,1989 年。

- A.L. 贝尔、R. 芬利编,川北稔译:《大都会伦敦的建立——从1500 年到 1700 年》,三岭书房,1992 年。

- P. 拉斯莱特著,川北稔、指昭博、山本正译:《我们失去的世界——近代英国社会史》,三岭书房,1986 年。

- Peter Borsay. *The English Urban Renaissance*, Oxford U.P., 1989.

第二章

- I. 沃勒斯坦著，川北稔译：《新版·作为历史体系的资本主义》，岩波书店，1997 年。
- 川北稔著：《〈政治算术〉的世界》，大阪大学西洋史学研究室：《公众史学》创刊号，2004 年。

第三章

- E. 威廉姆斯著，川北稔译：《从科隆普斯到卡斯特罗》Ⅰ·Ⅱ，岩波书店，2006 年。
- I. 沃勒斯坦著，川北稔译：《近代世界体系 1600—1750 重商主义与"欧洲世界经济"凝集》，名古屋大学出版会，2003 年。
- I. 沃勒斯坦著，川北稔译：《近代历史体系》Ⅰ·Ⅱ，岩波书店，2000 年。
- 川北稔著：《工业化的历史前提——帝国与绅士》，岩波书店，1983 年。
- 川北稔著：《美洲是属于谁的——威尔士王子麦多克的神话》，NTT 出版，2001 年。
- 滨下武志、川北稔著：《区域的世界史Ⅱ 区域统治史》，山川出版社，2000 年。
- 村冈健次、铃木利章、川北稔编：《绅士——其周边与英国近代》，密涅瓦书房，1987 年（新版，1995 年）。

第四章

- E. 威廉姆斯著，中山毅译：《资本主义与奴隶制——黑奴史与英国经济史》，理论社，1987 年。

- I. 沃勒斯坦著，川北稔译：《近代历史体系 1730s—1840s 大西洋革命的时代》，名古屋大学出版会，1997 年。

- 川北稔著：《工业革命与家庭生活》，角山荣编：《讲座西洋经济史 II》，同文馆出版，1979 年。

- 川北稔著：《时尚与贫民窟——一项关于 19 世纪伦敦的考察》，中村贤二郎编：《历史上的城市——续城市社会史》，密涅瓦书房，1986 年。

- 川北稔著：《近代世界与工业革命·市民革命——作为时代划分的指标》，历史学研究会编：《现代历史学的成果与课题——1980—2000 年 I　历史学方法的转换》，青木书房，2002 年。

- 川北稔著：《作为进口替代的工业革命》，怀德堂纪念会编：《重写世界史·重写日本史——阪大史学的挑战》，和泉书院，2002 年。

- S.D. 查普曼著，佐村明知译：《工业革命中的棉花工业》，晃洋书房，1990 年。

- 角山荣编：《讲座西洋经济史 I》，同文馆出版，1979 年。

- C. 纳迪内利著，森本真美译：《孩子们的工业革命》，平凡社，1998 年。

- P. 哈德森著，大仓正雄译：《工业革命》，未来社，1999 年。

- M. Berg. *Luxury and Pleasure in Eighteenth-Century Britain*, Oxford U.P., 2005.

第五章

- R. 英格丽修、R. 凯尼编著，川北稔译:《经济衰退的历史学——英国衰退论争诸相》，密涅瓦书房，2008 年。

- A. 坎布尔著，都筑忠七、小笠原欣幸译:《英国衰退 100 年史》，美铃书房，1987 年。

- A. 罗森著，川北稔译:《现代英国社会史 1950—2000》，岩波书店，2005 年。

- M.J. 维纳著，原刚译:《英国产业精神的衰退——靠近文化史的视角》，劲草书房，1984 年。

- W.D. 鲁宾斯坦著，藤井泰、平田雅博、村田邦夫、千石好郎译:《未曾衰退的大英帝国——经济·文化·教育:1750—1990》，晃洋书房，1997 年。

- P.J. 凯恩、A.G. 霍普金斯著，竹内幸雄、秋田茂译:《绅士资本主义的帝国Ⅰ——创生与膨胀 1688—1914》，名古屋大学出版会，1997 年。

- P.J. 凯恩、A.G. 霍普金斯著，木畑洋一、旦祐介译:《绅士资本主义的帝国Ⅱ——危机与解体 1914—1990》，名古屋大学出版会，1997 年。

图字:09 - 2022 - 0283 号

图书在版编目(CIP)数据

英国近代史讲义/(日)川北稔著;何睦译.—上
海:上海译文出版社,2023.10
 (历史学堂)
 ISBN 978 - 7 - 5327 - 9250 - 4

Ⅰ.①英…　Ⅱ.①川…②何…　Ⅲ.①英国-近代史
-研究　Ⅳ.①K561.42

中国国家版本馆 CIP 数据核字(2023)第 161019 号

英国近代史讲义

[日]川北稔　著　何　睦　译
责任编辑/刘宇婷　薛　倩　装帧设计/胡　枫　轩广美

上海译文出版社有限公司出版、发行
网址:www.yiwen.com.cn
201101　上海市闵行区号景路 159 弄 B 座
上海市崇明县裕安印刷厂印刷

开本 890×1240　1/32　印张 7　插页 2　字数 100,000
2023 年 10 月第 1 版　2023 年 10 月第 1 次印刷
印数:0,001—6,000 册

ISBN 978 - 7 - 5327 - 9250 - 4/ K·314
定价:49.00 元